繁盛店だけがやっている!

「客層別」販促 5つのルール

船井総合研究所
小野達郎
Tatsuro Ono

同文舘出版

はじめに

小売・サービス業の販促を研究してきて20年以上経過した。いや、単なる研究ではなく、実践し、結果を見て、さらに改善・修正を加えて、新しいチラシやＤＭにアウトプットしていく。もちろん百発百中はあり得ない。外れるときもある。しかし、失敗からも多くのことを学べるのが、販促の醍醐味だと言える。

そんなことを長年にわたって繰り返し、自分なりに「当たる販促」を提案してきたわけである。

それでは、販促を当てる究極のコツとは何か？　一言で言えば、それは「相手の心理を見抜くこと」だ。つまり、「購買心理を知る」ということである。

購買心理は客層によって異なる。本書では、お客様を「新規客」「リピート客」「固定客」「上得意客」「休眠客」の５つの客層に分類した。どんな店舗も新規客は必要だし、リピーターを増やし、さらに固定化し、上得意客に育成していく。そして、休眠客をもう一度復活させる販促を日々怠りなく実践すれば、必ず繁盛するはずである。

つまり、これらの客層ごとに購買心理を分析し、それに連動した販促の仕掛けをしていくことは、繁盛店にとって必要不可欠だということだ。この「客層別販促」という考え方が、非常に重要なのである。

たとえば、初めて入る寿司店を想像してほしい。いったいどのくらいするのか？　今日の持ち合わせで足りるのか？　カードは使えるのか？　など、価格ひとつをとっても、「不安」でいっぱいだ。ゆえに、新規客を呼ぶには「不安の払拭」がポイントで、いかに「安心感」を伝えるかが重点項目となる。

一方、2回目に入る場合はどうであろうか？　過去に一度来ているので、当然ながら初回来店のような不安は消えている。むしろ、新鮮なネタが入っているとか、今しか食べられない限定ネタなど、「新しい価値」が享受できるかどうかがポイントである。ゆえに、リピート客には「価値の創造」が重点項目となるのだ。

さらに3回、4回……とその店が気に入って来店を繰り返すと、固定客化、上得意客化していく。次のステップとしては、「特別扱い」という演出が必要となってくる。こっそり教える裏メニューとか、あなただけの特別扱い、ご近所に住んでいる方だけの特別サービスなど、より具体的な「顧客の絞り込み」や、「個別対応感の演出」が重点項目になる。

このように、同じお客様でも来店頻度などさまざまな要素により、アプローチが変わってくる。これは販促においても同様だ。

チラシは新規客中心に効果的な販促物だ。いかに不安を消すかが課題で、店内の様子、大将のメッセージ、ネタの鮮度、リーズナブルな価格などを訴える必要がある。
また、ある程度リピートを繰り返し、固定客化したお客様については、「住所」「誕生日」など特定客に絞り込んだＤＭを、さらに上得意化したお客様の場合は、「あなただけに」を演出した「ワン・ツー・ワン」のＤＭを発送するのである。
本書では、客層別にどのように販促のアプローチを行なっていけばよいかを実践的に示したので、ぜひ参考にしていただきたい。

最後にこの場を借りて、チラシを掲載させていただいた皆様、また勉強会のメンバー、および支援先等の関係者のみなさまに御礼申し上げます。また本書出版にあたり、企画編集にご協力いただいた同文舘出版の皆様にも重ねて御礼申し上げます。

平成二二年九月

㈱船井総合研究所　取締役　常務執行役員　小野達郎

『繁盛店だけがやっている！「客層別」販促5つのルール』目次

2章 新規客の心はこうしてつかめ！

3章 リピート客の心はこうしてつかめ！

4章 固定客の心はこうしてつかめ！

5章 上得意客の心はこうしてつかめ！

6章 休眠客の心はこうしてつかめ！

カバー　ホリウチミホ（ニクスインク）
本文DTP　ジャパンスタイルデザイン

1章

お客様の心を理解しよう！

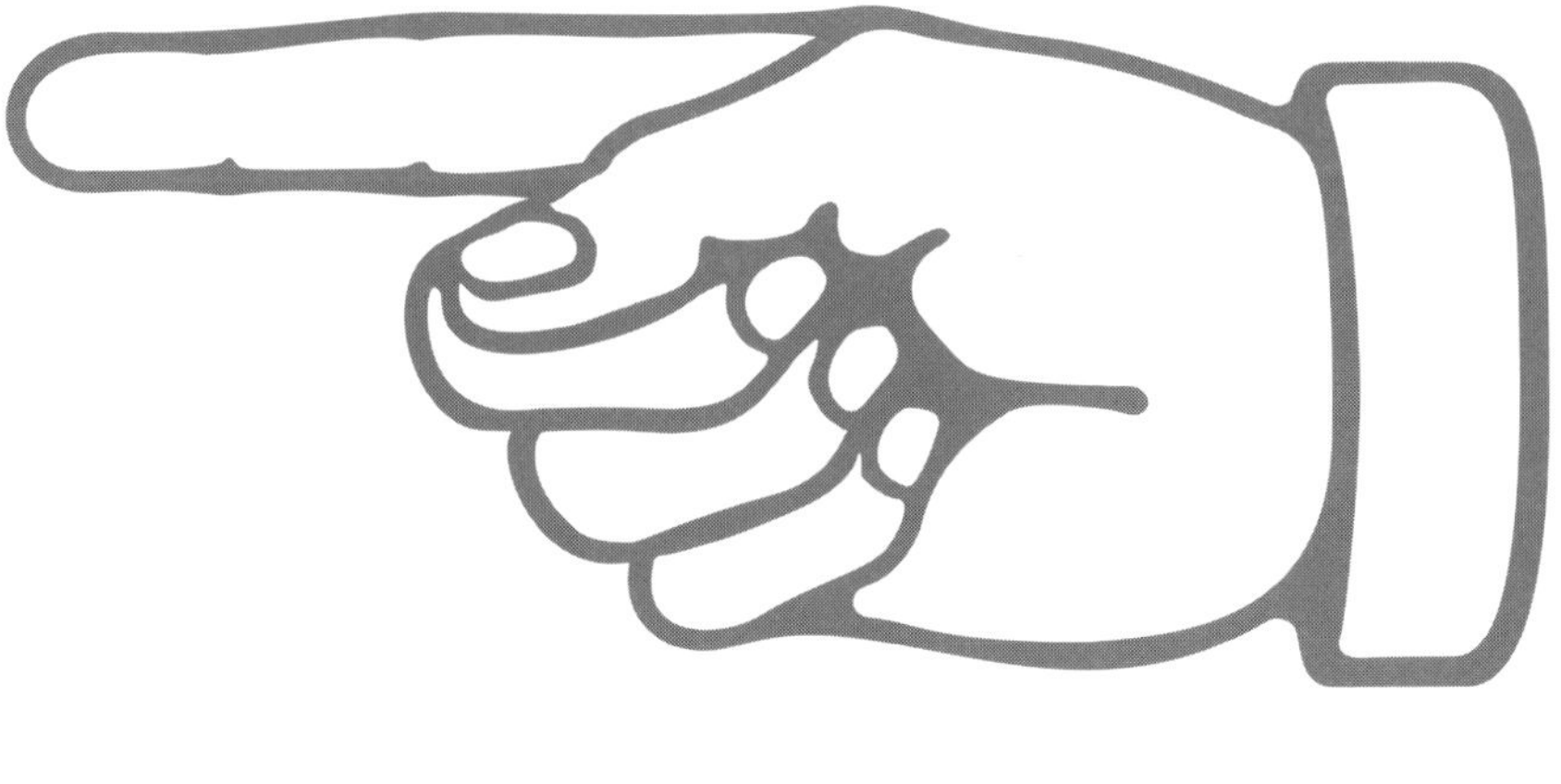

1 お客様の心は変化する

☜消費を左右するのはお客様の心理

２００８年のリーマンブラザーズの破綻による日本市場への影響は非常に大きく、大手企業を中心とした「派遣切り」など雇用問題をはじめ、ごく普通の人々の生活も脅かされるようになってきた。

当然のように消費市場は落ち込み、お客様の購買行動にはブレーキがかかってくる。そのような現状の中、消費を左右するお客様の心理には以下のような変化が起こっている。

◆高額品の買い控え化

不況で最も影響を受けるのが高額品。住宅、不動産、自動車、宝石、ブランド品、家電製品など、購買頻度が低い高額品の落ち込みは顕著だ。連日、マスコミ報道で暗いニュースが続くと、「こんな時期に無理して買わなくても……」という心理は当然、働く。

たとえば、マンション販売や分譲一戸建ても見学会の集客はあるものの、なかなか成約につながらないケースが増えてきている。若い夫婦が両親に相談すると「何もこんな時期に買わなくても……」と慎重な助言をされるなどして、どうしても最終決断段階で迷ってしまい、結局クロージングに至らないのである。

◆生活必需品のデフレ化現象

低単価品を中心とした「生活必需品」は、明らかにデフレ化が進み、その勢いは衰えることがない。たとえば、それが「ＰＢ」（プライベートブランド）という形で現れてきている。ＰＢは、いわゆる小売業が主体となって商品開発を行なう、独自のブランド戦略のことである。ＮＢ（ナショナルブランド）商品よりやや低価格で販売して、集客および売上の柱とするこの戦略は、現在、多くの大手流通業が取り入れている。

元来、日本人はメーカー志向が強く、ＮＢ信仰が強かったが、これだけ景気が悪いとそうも言っていられない。年収300万円以下の世帯が急増する中、品質的にそう大差がないのであれば、当然、お客様は価格の安いPB商品を選ぶのである。

☜不況期でも勝つ！　販促突破策

このような消費者傾向の中、一見、日本のマーケットは八方塞りのように見える。しかし、ここで大事なのは、突破口は必ずあるということ。現に、私の支援先や、主催する勉強会のメンバーの中には、不景気に関係なく売上を伸ばしている企業がたくさんある。

繁盛し続けるための販促の極意とは何か？　それは、日々変化するお客様の心をつかむことである。

たとえば、「中古」「修理・リフォーム」「レンタル」は、不況期ならではの「売り方の演出」と言える。社会全体の節約ムードが高まっている中、「新品ではなく中古で十分だ」「借りたほうが得」などの意識が高まってくる。こうした購買心理を捉えることが、販促における大きなヒントとなるのだ。

たとえば、リサイクルショップや、住宅、洋服、宝石などの修理・リフォームショップは不況期に強い業態だ。お客様の倹約志向と、日本人ならではの「もったいない」精神がマッチしているのである。

「レンタル」はクルマ、住宅、ビデオなどの業界を皮切りに我々の生活に浸透してきたが、この傾向はますます強くなると考えられる。現在、あらゆるモノが成熟期・安定期に突入しており、所有に対する欲求が減退している。すなわち、「所有価値」から「使用価値」への移行である。事実、都心部では「カーシェアリング」というクルマの共有レンタルサービスが増えている。また、ブランド品を結婚式やデートのときなどにレンタルする「ブランドレンタル」なども、打ってつけのサービスと言えるだろう。

このように、不景気といった時代の状況などによる購買心理の変化は、加速度的にマーケットに大きな影響を与える。お客様の心理を捉えることは新しい集客の切り口となり、繁盛という目的達成のための大きなヒントとなるのだ。

2 お客様は5つに分かれる

☞ターゲットを明確にすることが繁盛販促の第一歩

目的を達成させるためには何が必要だろうか？　それは読んで字のごとく、目指す「的」を狙うべきである。

それでは、「的」とは何だろうか？　それは、「お客様」である。前項でも述べたように、販促で成果を上げるためには、ターゲットであるお客様の購買心理を明確にするところからはじめることが重要なのだ。

ところが、巷に溢れるチラシやDMを見ると、ターゲットを明確にしているものは少ない。いや、正確には、売る側が「明確にした気になっている」と言ったほうが現実に近いかもしれない。「自分のチラシはターゲットを明確にしている」と思い込んでいるのである。

近頃、間もなく二十歳になる娘に、成人式用の振袖のDMが頻繁にくる。しかし、なんとも無味乾燥なDMが多いのだ。よくこのように当てる工夫もせず、DMを何度もばらまくものだと感心するくらいだ。

どういうDMかと言うと、「激安価格」と書かれた数点の振袖の写真が掲載され、とにかく安いことを強調しているものばかりなのだ。そこに「なぜ、安いのか」は説明しておらず、とにかく半額だの7割引だの割引率ばかり強調しているのである。

いったい、このDMは誰をターゲットにしているのだろうか？　つくり手からは、おそらくこんな答えが返ってくるはずだ。「振袖ですから、当然、18～19歳の娘を持つ親をターゲットにしています」と。「だから、当社は常にターゲットを意識してDMをつくっています」と。

確かに意識していることは事実かもしれない。しかし、大事なことは「ターゲットの購買心理」をきちんと理解することである。

この例で言えば、振袖を買う親の心理を的確に捉えなければならない。不景気で予算があまりないのは事実であるが、大事な娘への一生に一度の買い物である。ただ「安い」と連呼したところで、消費者心理は動かないのだ。

☞5つの客層の購買心理を捉えよう

当然のことだが、お客様は一律に同じではない。つまり、幅広いお客様に漫然と販促を仕掛けていたのでは、この不況期に売上を上げることはできないということである。

そのために必要不可欠なのが、「客層の絞り込み」である。

客層を絞り込み、ターゲットを明確にして販促を行なえば、必ず売上は向上する。つまり、どのお客様にどんなアプローチをするか、何を伝えるかを具体化していくことが最も大切なのだ。

購買行動を行なう客層は以下の5つに分かれる。

①新規客
②リピート客
③固定客
④上得意客
⑤休眠客

「繁盛販促」を行なうためには、この5つの客層に応じて販促のパターンが変わってくることをまずは認識しなくてはならない。

☞客層に沿った販促を仕掛けることが大事

先ほどの例で言えば、振袖を買う親は「初回購入」、つまり「新規客」が圧倒的に多いということに気がつかなければならない。もちろん娘が次女の場合、「2回目購入」となるが、初回購入の場合が圧倒的に多いだろう。

2章で詳しく述べるが、新規客の一番の心理は「不安」である。特に高額品になればなるほどその傾向は強い。買った後の後悔だけはしたくないからだ。

であるならば、当然、お客様の不安を払拭するよう

5つの客層別に狙った販促を仕掛けよう

新規客	どのようなビジネスにおいても新規客は集客し続けなければならない。初回購入・初回来店の新規客は不安感を持っているため、それを払拭することが販促のポイント
リピート客	満足し続けなければ、お客様は離れていってしまう。そのため、新しい価値を継続して提供することが大事だ
固定客	リピート客が浮気をせずに通うようになった状態。「あなただけに」というさらなる絞り込みが効果的だ
上得意客	固定客が信者化し、その店の商品やサービスの口コミを発信するようなお客様のこと。「個別対応」によって特別感を与えよう
休眠客	過去には購買経験はあるが、今はお休みしているというお客様。どのように掘り起こしていくかがポイントとなる

な説明をＤＭ上で打ち出すべきである。

たとえば、「振袖を初めて買うので、何を基準に選んだらよいのかわからない」と思っている親に対して、

「振袖探しに悩んでいるご両親に朗報です。

当社は呉服販売55年のキャリアを活かし、『絶対に失敗しない振袖選びの７つのポイント』というガイドブックをつくりました。

先着30名様に無料で進呈します。しつこい業者や悪徳業者を避けるためにぜひご一読を！」

などと客層に沿ったアピールをすれば、興味を示してくれるはずだ。

また、無料の特典であれば、申し込みなどの反応も高くなるだろう。新規客であれば、まずはそこから関係性を構築し、セールスへと入っていけばいいのである。

まずはお客様の心を知ることから

それでは、客層別の効果的な販促とはどのようなものか？　本書では、５つの客層を各章に分け、お客様の購買心理を捉えて販促を仕掛けていく方法を紹介していく。

各章に入る前に、まず1章ではお客様の購買心理を捉える販促を行なうための基本の考え方とやり方をキーワード別に説明していこう。

3 お客様の心をつかむキーワード①「安心感」

☜お客様の不安感は潜在化している

人間の感情は大きく大別すると「快」か「不快」かの2つである。不況期には一般的に「不快」の感情になる。なぜならば、連日、テレビや新聞で暗いニュースばかりが報道されるからだ。

実は、人間の「思考」と「感情」は違う。思考というのは顕在意識の中で考える能力でコントロール可能であるが、感情は潜在意識の中で基本的に勝手に反応してしまう。

ゆえに、暗いニュースが飛び交う不況期にはお客様の「不安心理」が増長する。そして、その不安感を拭おうとお客様の購買心理が「安心志向」「保守志向」へと切り替わってしまうのだ。

☜不安を取り除けばモノは売れる

ただ、基本的な購買力がある場合、何かのきっかけがあれば、モノやサービスは売れる。そのきっかけのひとつが、「不安の払拭」である。抱えている不安を取り除いてあげれば、基本的にモノは売れるはずなのだ。

しかし、先にも述べたように、この不安というのは「潜在化」している場合が多い。自分でも気づかない不安心理が内在化しており、その不安によって購買に至らないケースが非常に多いのだ。

たとえば、テレビショッピングを見ていると、思わず買いたくなる人も多いだろう。ダイエット器具などは、その商品を使ってスリムになった自分を想像し、つい電話をかけてしまいそうになる。

しかし、そこで我に返り、「やっぱり買うのをやめよう」と思う人は多いはず。それは「買った後、後悔しないだろうか?」という不安心理からくるのだ。

クロージングまで持っていくために大事なことは、お客様の不安感を取り除き、安心感を与えることだ。まずは不安感を具体化し、その心理が「思い過ごし」であることを教える必要がある。

２章で詳しく述べるが、たとえば「Ｑ＆Ａ」形式の販促などによって、お客様の不安を具体化することからはじめることが、お客様に安心感を伝える効果的な方法である。

情報提供が安心感に結びつく

また、不況期には、次ページの図のように「今すぐ買いたい客」が減り、「そのうち買おう客」が増える傾向にある。

「今すぐ客」は価格訴求や商品訴求に反応しやすいが、「そのうち客」はまだ「情報収集段階」であるため、反応しにくい。「そのうち客」はもっと比較・検討しやすい「情報」がほしいのだ。

そこで、「情報提供型企画」が有効となってくる。見学会、体験会、試乗会、試着会、試食会、説明会といった、購買前に比較・検討できるイベント企画などである。

価格や商品をチラシの表面では大きく訴求せず、あくまでもイベントに来るメリット（特典など）を打ち出し、お客様の不安感を解くことがコツだ。

掲載するお客様の声なども、購入者ではなく見学会参加者の声を掲載することも安心感につなげるポイントである。

高額品には「ノンセールス」が有効

特に、高額品における購買心理は「期待と不安」の交錯である。

家を購入する場合を考えてみよう。ようやく手に入るマイホーム。外観のデザインは？　間取りは？　キッチンは？　ガーデニングは？……など、さまざまな期待が膨らむ。

一方で、ローンの返済は？　耐震性は？　会社の信用は？　保証は？　アフターフォローは？……など、不安も増幅するものだ。

お客様には「今すぐ買いたい客」と「そのうち買おう客」がいる

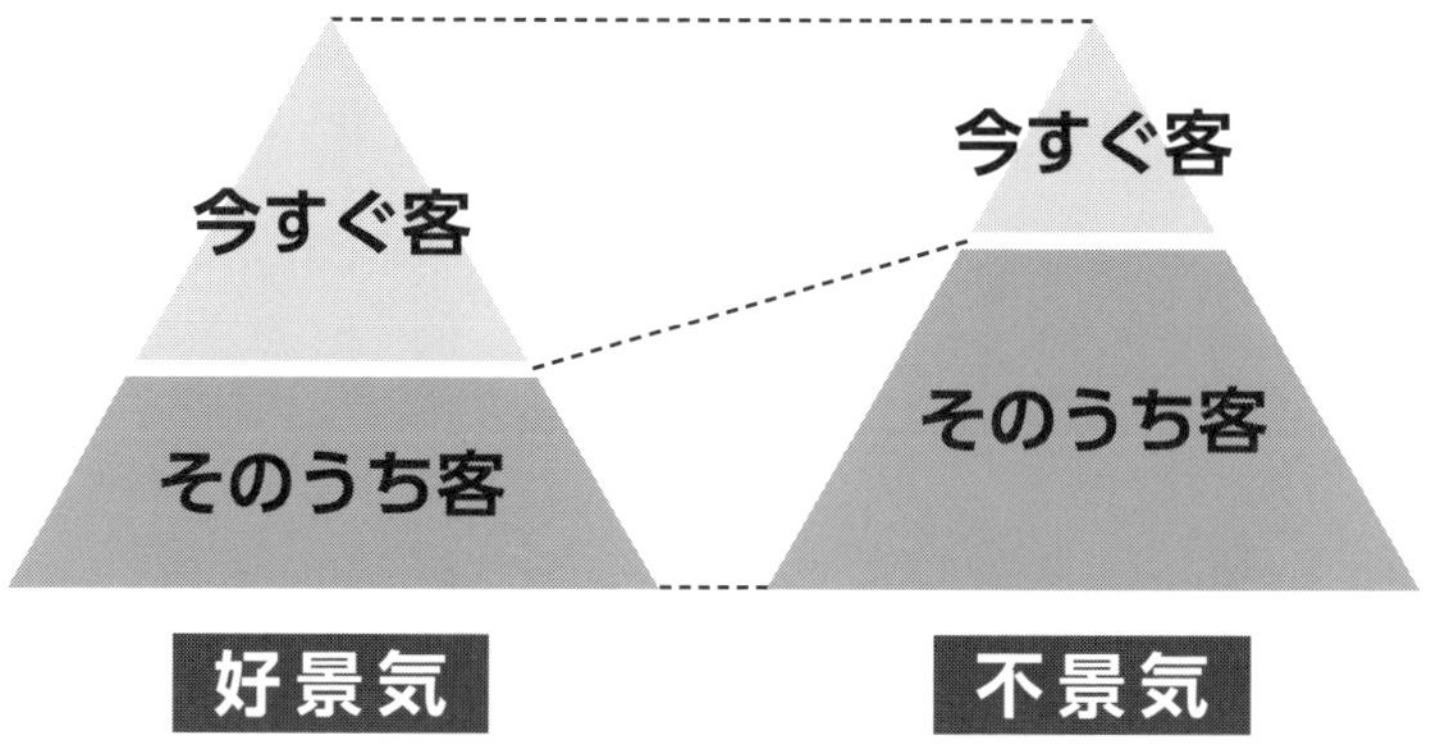

不景気には「今すぐ客」が減り、「そのうち客」が増える。当然、販促方法も変えなくてはならない

高額品における購買心理のブレーキとは、「不安」が大きくなることだ。逆に低単価品にはあまりこのような感情は起こらない。夕飯のおかずにキャベツを買うとき、ワクワクドキドキと期待や不安を感じる人はまずいないだろう。

つまり高額品においては、期待と不安が比例する関係にあるということを理解しなくてはいけない。とりわけ、以下のような商品群にその傾向が見られる。

◆比較的単価が高い商品

住宅、車、お墓、仏壇、毛皮、宝石など

◆人生で初めて買う商品

子供のランドセル、リクルートのスーツ、成人式の振袖など

◆美容・健康関連商品

美容室、エステ、ダイエット食品、フィットネスクラブなど

このような商品群に関して効果的な方法が、「ノンセールス」マーケティングである。

不景気には買い控え現象が強くなるので、自社や商品のことを一所懸命強くＰＲしても逆効果であり、かえってお客様が逃げてしまうことも多い。

そのため、「売りの匂い」を消すことで、お客様に安心感を与えるのである。

4 お客様の心をつかむキーワード②「大義名分」

☜安さ感を打ち出す大義名分がポイント

現在、「低価格訴求＝エコノミーグレードの訴求」による集客が注目されている。

たとえば、居酒屋では「1品270円均一」といった「低単価居酒屋」が出現し、にぎわいを見せている。不況で小遣いが減るサラリーマンにはうれしい限りの業態である。

また、1章1項で紹介したPB商品も、その典型的ケース。ディスカウントストアでは、食パン1斤69円、トイレットペーパー12ロール178円、Tシャツ198円など、ちょっと前では考えられない低価格でPB商品を販売している。

すでにお馴染みとなった100円均一ショップも代表的な価格による業態である。

ところが、あちこちで安売りが横行してくると、遅かれ早かれ、反響が上がらなくなってしまう。よほど価格を安くすれば集客も増えるだろうが、結果的に赤字になってしまえば元も子もない。

そこで、同じ価格でも安いイメージを演出し、集客アップを図る販促が重要となる。そのために必要不可欠なのが、「大義名分＝理由づけ」である。

☜ワクワク感のある大義名分はリピート化につながる

たとえば、関西のあるテーマパークでは「LOVE割」という面白い企画を行なった。

「仲がいいと安くなっちゃう！　キスかハグをすれば2人分のチケットが9800円に！（通常1万8000円）」

という、ターゲットを若いカップルに絞り込んだ企画である。もちろん、圧倒的にハグのほうが多いと思うが、これもうまいポイント。キスを先に提示すれば、それはイヤだけどハグなら……という心理に変わってくる。

つまり、先に難しい条件設定を出しておいて、次に簡単な条件を出すと、ハードルが下がるというわけである。

このような条件設定は安さ感の理由づけとなる。単に割引セールを行なうだけではなく、

「じゃんけんセール！　店員とじゃんけんをして勝てば10％引き」

などとイベントを絡ませれば、お客様がワクワクして参加しやすく、得した気分になりやすいのだ。

また、お客様の記憶にも残りやすいので、リピート化につながりやすくなる。

☞消費者心理をくすぐる大義名分販促

その他、大義名分の活用法をいくつか紹介しよう。

◆経済情勢を利用する

経済情勢によって、商品を絞ること。さらに単品で訴求すれば有効である。

「感謝の円高大還元！　輸入品を大幅ディスカウント！　ヨーロッパの高級家具がメチャ安です！」

◆政治の話題を利用

誰もが知っている政治的話題をネタにする方法。

「子ども手当を賢く使いましょう！　キャッシュバックキャンペーン開催中！」

◆ワケあり品を強調

安くなっている理由を明確にすれば、説得力が増してくる。

「箱なし、展示品、チョイキズ、倒産品が大集合！」

◆バラ売りを強調

通常、セットで売っているものを「バラ売り」すると安く感じるものである。

「お中元ギフト大解体セール！　バラ売りだから安い！」

◆まとめ買いを強調

逆に、バラ売りのものをまとめ買いにして、安さやお得感を強調する手法もある。

「タイヤ３本買えば１本サービス！　まとめて買えば

お得です」

◆仕入れのストーリーをリアルに伝える

小売店の場合などは、仕入れ時の実際のエピソードをリアルに伝えることは効果的。

「目利き店長Sが眠い目をこすって朝4時起きで仕入れてきました！」

◆店の内情を暴露

単なるセールやバーゲンではなく、店舗の内情をリアルに暴露することでお客様に親近感を持たせ、理由づけにする。

「親父が引退。息子の私ががんばります！　2代目社長襲名セール」

◆下取りセールも大義名分を

最近、大流行の下取りセール。これも大義名分をつけると、安い下取り価格でも買い替え需要をさらに促進できる。

☜大義名分はリアル感が重要

このように大義名分をつけることにより、安さの理由が明確になり、よりリアル感が増す。

大切なのは、この「リアル感」が強いほどお客様の納得性は高まり、来店しようという思いになる、ということだ。お客様の行動を起こす購買動機につなげるためには、効果的な「理由づけ」が必要不可欠なのである。

5 お客様の心をつかむキーワード③「価値訴求」

単品に絞って価値を打ち出す

お客様に満足していただくためには、売り手は常に「新しい価値」を提供し続けなければならない。しかし、全ての商品にまんべんなく力を注いでも価値は伝わりにくいので、まず「商品」を絞り込むことだ。販促は「何を誰に売るのか?」が最重要テーマであり、「何を」の意味するところは当然、商品だからである。

具体的には、現在、自社で最も自信のある商品や伸びている商品を徹底的に全面に打ち出していくことである。「シェア一番」「伸び率一番」「自社オリジナル」などの単品をピックアップすることからはじめよう。

この方法は「欠点の指摘、矯正では決して業績は向上しない。長所を伸ばすことが即時業績向上する上で必要不可欠である」という船井総合研究所の創始者・船井幸雄の考え方に基づいており、「長所伸展法」とも呼ぶ。

たとえば、チラシでは「単品」もしくは「部門」を意識して訴求すること。食品スーパーのチラシで言えば、肉、魚、野菜をまんべんなく載せるパターンが多いと思うが、これではお客様の心がつかめない。総花的なチラシでは主張や特徴が見られず、興味を示さないからだ。

「とろける秋の旬！　トロサンマがうまい！」
「感動のトロカツオがあなたを待っている！」
と、旬の魚を全面で主張するなど、徹底して自信のある単品で訴求するチラシでないと集客効果は上がらない。

商品の強みをわかりやすく伝える

また、住宅販売業のような単品販売であれば、その商品の強みを明確に打ち出すところからはじめる。

しかし、ただストレートに強みを打ち出してもお客様に伝わらない場合も多い。つい専門用語を使いすぎたり、ありきたりの表現になりがちだからだ。

たとえば、自社商品の強みが「断熱機能」だとすると、多くの工務店は断熱機能のよさを一所懸命「説明」しようとする。しかし、「○○社の外断熱機能は業界最高峰。寒い日は暖かく、暑い日もクーラーをほとんど使うことなく快適です」などといったありきたりなコピーでは、お客様の興味を引くことができないだろう。

ではどうすればよいか？　ポイントは、お客様の興味や関心と関連づけるということである。

たとえば、

「月3万円以上もかかる光熱費を大幅削減！　外断熱はあなたの家計の強い味方です！」

というように、単に自社の強みを打ち出すだけではなく、お客様にメリットがあるような表現で訴求すれば、購買心理をくすぐることができるだろう。

ここで重要なことは「価値＝自社の強み＝お客様の具体的メリット」ということを意識すること。自社の強みはわかっても、購買心理に響く具体的メリットに置き換えられないことが多い。そのためには、時流を見つめ、お客様が何をほしがり、何を考えているかを常に研究しておくことが大切である。

☞感性に訴えかけて価値を伝える

「価値訴求」と一口に言っても、価値の感じ方は人によって千差万別である。価格のようにわかりやすくなく、理屈で説得しようとしてもなかなか伝わりにくいケースが多い。

たとえば、「かわいい傘」を売る場合、理屈でかわいさを説得しようとしても、まったく理解できない。「かわいい」というのはまさしく感性であり、機能で価値を伝える場合と手法が変わる。

ある若者の間で人気のある書籍と雑貨の複合店舗の例を紹介しよう。売り場は一般的な単品別ではなく、テーマ別に商品が陳列されており、消費者の遊び心を追求するように巧みに仕掛けられている。

商品価値の分類（例：傘）

	本来的	付加的
機　能	〈本来的機能〉 耐久性 大きさ	〈付加的機能〉 折りたたみ コンパクト
見栄え	〈本来的見栄え〉 生地の色・柄	〈付加的見栄え〉 デザイン ワンポイント

商品の強みを打ち出す「商品価値での訴求」は基本。商品や店舗によっては「感性価値訴求」も効果的

特に徹底しているのが「ＰＯＰ」である。小売店の店頭ＰＯＰは、お客様に対してその商品の価値を最大限に引き出すことが重要な役割だ。

たとえば傘を販売する場合、普通は27ページの図のように、機能やデザインを中心に打ち出すだろうが、この店ではこんなキャッチコピーで訴求している。

「雨の日でもポジティブな気分になれる傘」

一瞬、どういうこと？　と興味をそそる。そして、その傘を手に取って開くと、なんと内側に「青空」模様がプリントされているのだ。つまり、雨の日でも晴れの日の気分が味わえるという趣向である。

事例のＰＯＰでは、機能（コンパクト、耐久性等）や見栄え（色、デザイン等）といった商品価値ではなく、お客様の心、つまり感性にクローズアップして価値訴求をしているのがポイントだ。このような売り方を「感性価値訴求」と言う。

この感性価値は、男性にはなかなか理解しづらいものかもしれない。アクセサリーショップで「これ、かわいくない？」と衝動買いする女性の購買心理こそ、感性価値によるものである。

感性価値訴求は、機能的な価値よりも、感性的な価値を刺激することで消費者心理を満たす商品群には打ってつけである。

ヒット商品は、ＰＯＰやチラシなど販促の工夫次第で「つくり出す」ことができるのだ。

6 お客様の心をつかむキーワード④「ベストイメージ」

☜「イメージ」がお客様の無意識を喚起する

価値訴求を効果的に行なう上で大事なことは、購買心理、つまり「人がモノやサービスを買おうとする直前、何を考えているか？」を捉えることである。

お客様は毎日、さまざまなモノやサービスを購入しては消費する。ゆえに購買行動自体が無意識的、つまり「潜在意識」下で行なわれているのである。

朝、歯磨きをするときに「今朝は歯を磨くことを忘れないようにしよう」などと考える人はおらず、ほとんどの場合、無意識的に行動しているはずだ。

実は消費もそれに近い。毎日、人は無意識的にあれがほしい、これが食べたい、もっといい家に住みたいと勝手に感じている。それが具体的に顕在化したときに消費行動に走るのだ。

その具体的な顕在化を引き起こすのが「イメージ」である。心（頭）の中でその商品やサービスを使っている姿をイメージするから、購買行動が起きるのだ。

☜イメージが購買を促進させる

たとえば、「新車はレクサスがほしい」という人は頭の中でレクサスに乗っている自分をイメージし、今から「ラーメンを食べたい」と思っている人は、頭の中でラーメンを食べている自分をイメージしている。

この「イメージ」が購買行動の源であるのだが、前にも述べた通り、不況期になると心にブレーキがかかり、イメージ化しにくくなる。だから消費マインドが減退するのだ。

購買行動を喚起させるためには、お客様にその商品やサービスを使っている姿を明確にイメージさせることだ。たとえば、商品だけでは価値が伝わりづらいので、チラシやＤＭには商品だけではなく「商品＋人」

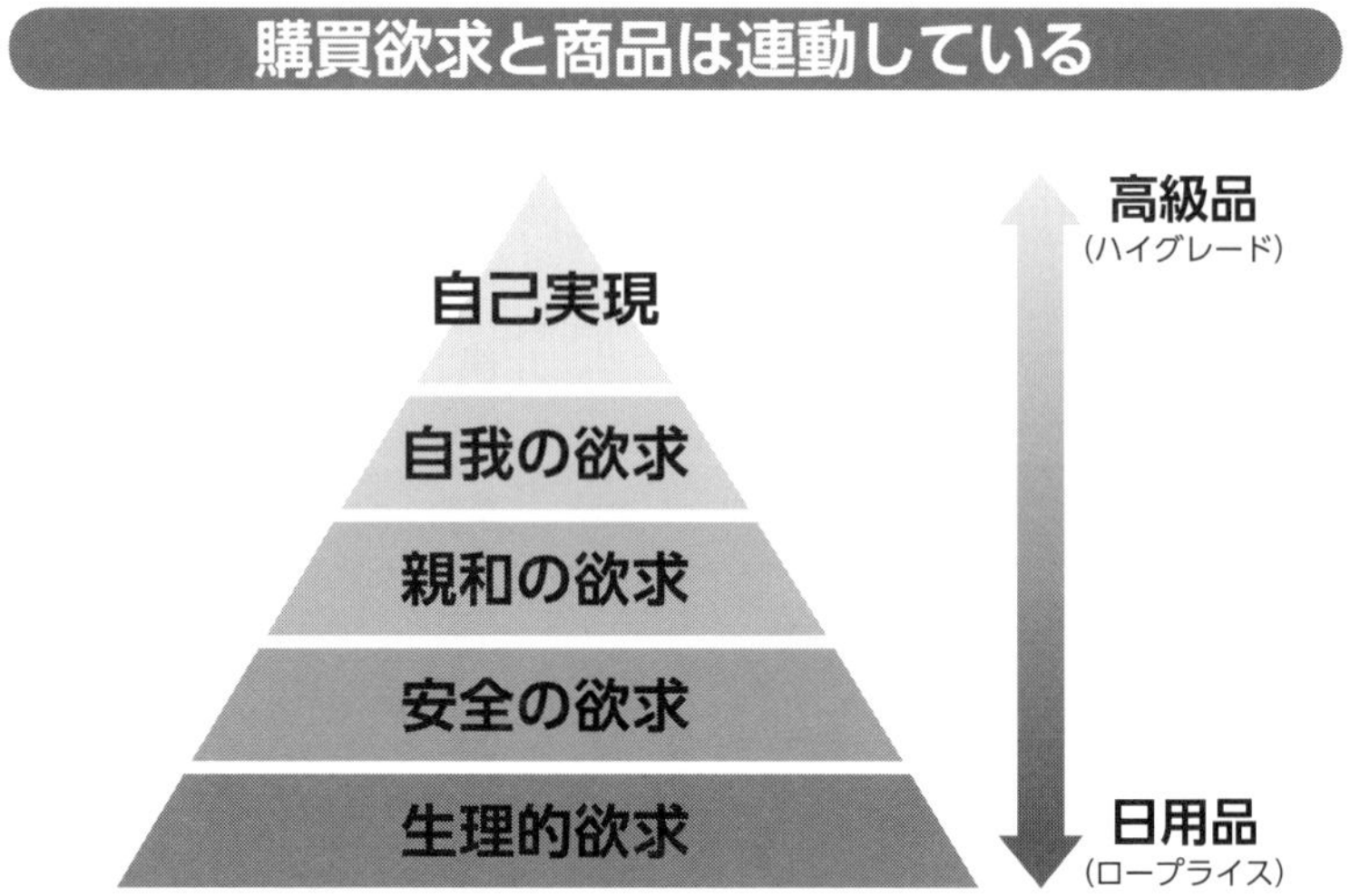

「マズローの欲求」の図

の要素をビジュアルに見せるとよいだろう。そうすれば、お客様はその商品を使っている自分の姿を想像しやすいはずだ。

なお、購買欲求は上図のように高い次元にある欲求から減退しやすい。不動産、高級車、宝石などの「自己実現欲求」的消費は頭の中でイメージしにくいためである。逆に、「生理的欲求」的消費である食品や日用品などはイメージしやすく、購買欲求も下がりにくい。

このように、購買欲求と商品には深い関係があることを認識しておくとよいだろう。

☞ベストイメージで伝えよう!

販促において、商品価値を効果的に演出するためのキーワードは「ベストイメージ」だ。イメージ化とは、言い方を変えれば「ビジュアル化」であるが、お客様に頭の中で鮮明にビジュアル化してもらえれば、その商品やサービスの購買につながるのである。

その際に重要なポイントは、その商品やサービスを購入するときの「一番の喜びを感じる瞬間」を表現すること。つまり、ベストイメージで訴求することである。購買心理のブレーキを外すためには、このベストイメージを具体的に見せることが重要だ。

食品メーカーのCMは「食べる瞬間」を繰り返し見せるものが多いが、これはまさしくベストイメージによる購買欲求の喚起である。

販促においては、以下のように、商品に応じてベストイメージを訴求することがポイントとなる。

◆「食べる瞬間」をイメージ化

食品のベストイメージは「食べる瞬間のほんの少し前」である。その場面をビジュアル化すれば、購買意欲は高まるはずだ。

酒であれば、口をつけるほんの一瞬前がベストイメージ。酒好きは飲む直前が一番至福のときだ。ゆえに、お猪口に口をつける瞬間をチラシやDMに打ち出すとよい。

◆「使う瞬間」をイメージ化

家電製品、クルマ、住宅などの耐久消費財系は使用している様子をベストイメージとして訴求する。

たとえば液晶TVなら、スポーツ中継を見ながら家族全員で応援して盛り上がっている様子をビジュアル化して、興奮を享受するためにテレビを購入するイメージを喚起するのである。

◆「着る瞬間」をイメージ化

衣料品は、変身願望や自己顕示が購入欲求へと結びつく。商品にもよるが、機能性よりも見栄えを重視する場合が多い。

その服を着た自分が颯爽と出かけている様子や、周りから褒められている場面といったベストイメージで訴求しよう。

◆「快感の瞬間」をイメージ化

サービス業は、不況期では特に心のブレーキがかかりやすい業種である。しかし、不満解消や快感享受といった感情的な要素が強いため、お客様の心をうまくビジュアルに表現できれば、比較的うまくいく。

パチンコ店のチラシであれば、当たる瞬間やその直前がベストイメージだ。

酒造店の「ベストイメージ」チラシ

「ほんの一瞬前」が
ベストイメージ

お猪口に口をつける瞬間の「ベストイメージ」をビジュアルに打ち出す

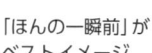

7 お客様の心をつかむキーワード⑤「ポジティブワード」

お客様の不安感を払拭する表現がポイント

お客様の購買心理に火をつけるためには、右脳と左脳の両方に刺激を与える必要がある。「イメージ脳」とも呼ばれる右脳には、前項の「ベストイメージ」をビジュアルに訴求して購買意欲を引き出すことが効果的だ。

一方、左脳は「言語脳」であるので言葉、つまりキャッチコピーでの訴求がポイントとなってくる。

それでは、どのような言葉を使うと購買意欲が高まってくるのだろうか？　それは「ポジティブワード」を使うことである。

特に不景気ではお客様の不安心理が働くことはすでに述べたが、それを払拭するには、潜在意識を「快」の状態にしなくてはならない。そのためには、お客様の心が前向きに、明るくなるような販促を仕掛けることだ。

「ベストイメージ」で喜びの瞬間をビジュアル化するように、言葉もお客様の心がポジティブになるキャッチコピーで表現することが重要なのである。

ポジティブワードはタイトルで打ち出そう

ポジティブワードとは言葉の通り、気持ちがポジティブになる言葉である。

「言霊」などと言うように、人の心は言葉によって定義づけられる。ちょっとした一言でやる気になって大成功を収めたり、何気ない一言で落ち込み、失敗したりする。言葉というのは大きな力を持っているのだ。

それでは、どんな言葉がポジティブワードなのかというと、それは「心がワクワクする」表現である。

たとえば、

「ワクワク、ドキドキ、ウキウキ、楽しい、うれしい、

喜び、面白い、ユニーク、ハッピー、幸せ、ときめき、きらめき、ありがとう、気持ちいい、明るい、かっこいい、自信、最高、感謝、前向き、やる気」

……等々。一度、このポジティブワードを30秒間、繰り返し、口に出してみてほしい。おそらく、プラスの気持ちになってくるはずだ。

このことは大脳生理学上からも解明されている。人間の大脳辺縁系にある「感情脳」は単純であり、言葉によって大きく左右されると言われている。

ポジティブな言葉を聞くと「快」になり、ネガティブな言葉を聞くと「不快」になる。当然、購買意欲は不快な状態では起こらないので、「快」の状態にすることが絶対条件ということなのである。

ポジティブワードはタイトルが最重要

このポジティブワードをチラシなどの販促物に使う場合、タイトルが最も重要となる。

下のチラシ例をご覧いただきたい。タイトルは「X'mas が楽しくなる幸せお財布Fa・ir」。単に財布を買うだけではなく、「財布を通じて幸せになろう」という想いが伝わってこないだろうか？

さらに、このチラシをよく見ると、ポジティブワードが20個以上も使われている。たくさんのポジティブワードを使うことにより、お客様の潜在意識を購買へと導くのである。

見ているだけで楽しいチラシというのは、このようにポジティブな言葉がふんだんに散りばめられており、気分のよくなるチラシのことである。

気分がよくなれば、その分、お客様の購買欲求も高まり、来店動機につながる。これからの販促は「気分をよくする」ということがキーポイントであり、ワクワク、ウキウキさせる仕掛けが重要な販促手段となってくる。

感情は、マーケティング戦略においてきわめて不可欠なファクターになってきているのだ。

衣料品店の「ポジティブワード」チラシ

「財布を通じて幸せになろう」
という想いが伝わるコピー

お財布を新しくしてこんな幸せ！♥を楽しみましょう。

□クリスマスがうれしく！なります。　□カッコ良くなります。　□人生が楽しくなります。
□ハッピーカップルになります。　□やる気が湧いてきます。　□自信が出てきます。
□前向きになります。　□お買物が楽しくなります。

ポジティブワードの多用で消費者心理を「快」の状態にする

8 お客様の心をつかむキーワード⑥「ターゲット別」

☞ターゲットを絞り込んで特別感を与える

誰しも「もっと多くのお客様に来てほしい」と思うものだ。その気持ちは大事だが、全てのお客様に来てもらおうとすると、販促は失敗してしまう。

売れない店や当たらない販促ほどターゲットが絞れず、外してしまっている傾向にある。「ターゲット」を意識せず、あらゆるお客様に目を向けすぎてしまっては、焦点が定まらないボケた販促となってしまうのだ。

そこで効果的なのは、ターゲットを絞り込み、どのような集客をするかをまず決定してから仕掛ける方法である。お客様に「あなただけに」という特別感を感じさせるのがポイントだ。

以下にターゲットの切り口のヒントを紹介しよう。

◆商品グレードでターゲットを絞る

「ハイグレード」商品と「エコノミープライス」商品とでは当然、販促手法が大きく異なる。

たとえば、150平米、8000万円のリゾートマンションを売る場合と、80平米1800万円のファミリー型マンションを売る場合とでは、お客様はまったく異なる。前者のリゾートマンションは高所得者が、後者は年収500万円以下の若い夫婦がメインターゲットとなるだろう。

ゆえに、販促物のタッチもまったく変わる。チラシであれば、前者は上質紙を使い、色も寒色系の落ち着いた色（黒、こげ茶、深緑等）を用いる。さらに折込み先は日経新聞、といった工夫をしなくてはいけない。

後者は「安さ感」を出すために、色は暖色系のにぎやかな色（赤、黄色、ピンク）をふんだんに使い、折り込み先は当然、一般紙となる。

商品グレードに応じてターゲットが異なれば、当然、販促も大きく変えなければならないのである。

◆主婦をターゲットにする

モノやサービスの購買決定権の多くは女性であり、とりわけ主婦による影響は少なくない。ゆえに、多くの業種・業態で、主婦を呼び込む販促を研究しておく必要がある。

主婦を呼び込むために重要なことは「感性の刺激」。女性は理屈よりも感性、つまり「好き嫌い」で行動する場合が多いのだ。

女性が好みそうな「写真」や「キャッチコピー」を散りばめておくと、チラシを見てもらえる確率が高まる。たとえば、「子供の笑顔」「花」「スイーツ」「キラキラ光るもの（星など）」などを入れると効果的だ。

◆ビジネスマンをターゲットにする

男性の購買心理の特徴は、価格より価値に重点を置くといくこと。つまり、品質や機能の価値を打ち出すことが重要だ。

特に男性の場合は「こだわり」を重視する。つまり、つくりや材質などの品質が高いものを好む傾向が強いので、機能を詳細に説明したり、つくり手の声などを多く使ったりして、こだわりをわかりやすくＰＲすると効果的だ。

◆若年層をターゲットにする

若年層（10～20代）をターゲットとする販促の場合、ビジュアルスペースが最も重要だ。

ポイントは、写真やイラストをふんだんに入れること。また、文字が多いと読んでもらえないことが多いので気をつけよう。

◆シニアをターゲットにする

高齢者をターゲットとする場合、まずは安心感が重要である。人間は年齢を経るに従い、警戒心も強くなるため、チラシなどの販促物も、不安感を払拭することと意識しよう。

また、文字サイズを大きくするなど、高齢者が読みやすいデザインやレイアウトの工夫も大事である。

9

お客様の心をつかむキーワード⑦「個別対応」

☞打ち出し方が変化したハイグレードマーケット

数年前までは、ハイグレードマーケットと言えば、いわゆる「プレステージ」を指していた。たとえば、レクサスに代表されるような高級車や、カルティエ、エルメスといった高級ブランド品である。

しかし、回復の兆しが見えない不況の中、百貨店では軒並み売上を落とし、専門店も高級品を中心に大苦戦を強いられている。飲食店業界も依然厳しく、低価格帯を狙った業態がますます増えている。

しかし、1円でも安く売るロープライスマーケットに移行しつつある中で、本当にハイグレードマーケットがなくなったかと言えば、決してそんなことはない。ハイグレードマーケットは、形を変えて存続しているのである。

そのキーワードが「個別対応」だ。ブランド名や見栄えだけではもはや売れないが、個別対応による特別感の打ち出しによって、お客様の購買心理をつかむという戦略である。

☞「あなただけに」を打ち出せば高くても売れる

ご存じのように、ゴルフ用品はブリヂストンやダンロップのような国内商品から、キャロウェイ、テーラーメードなどの海外商品まで、激しい競争を続けている。

そんな中、ドライバーの「高額シャフト」でひそかに人気を博している国内商品がある。その名も、「クレイジーシャフト」。

ドライバーの飛距離や方向はシャフトによって決まる。アマチュアであろうとプロであろうと、シャフトによりスコアは大きく変わるのだ。シャフト選びはゴルファーにとって重要なものなのである。

ゴルフ用品店の「個別対応」チラシ

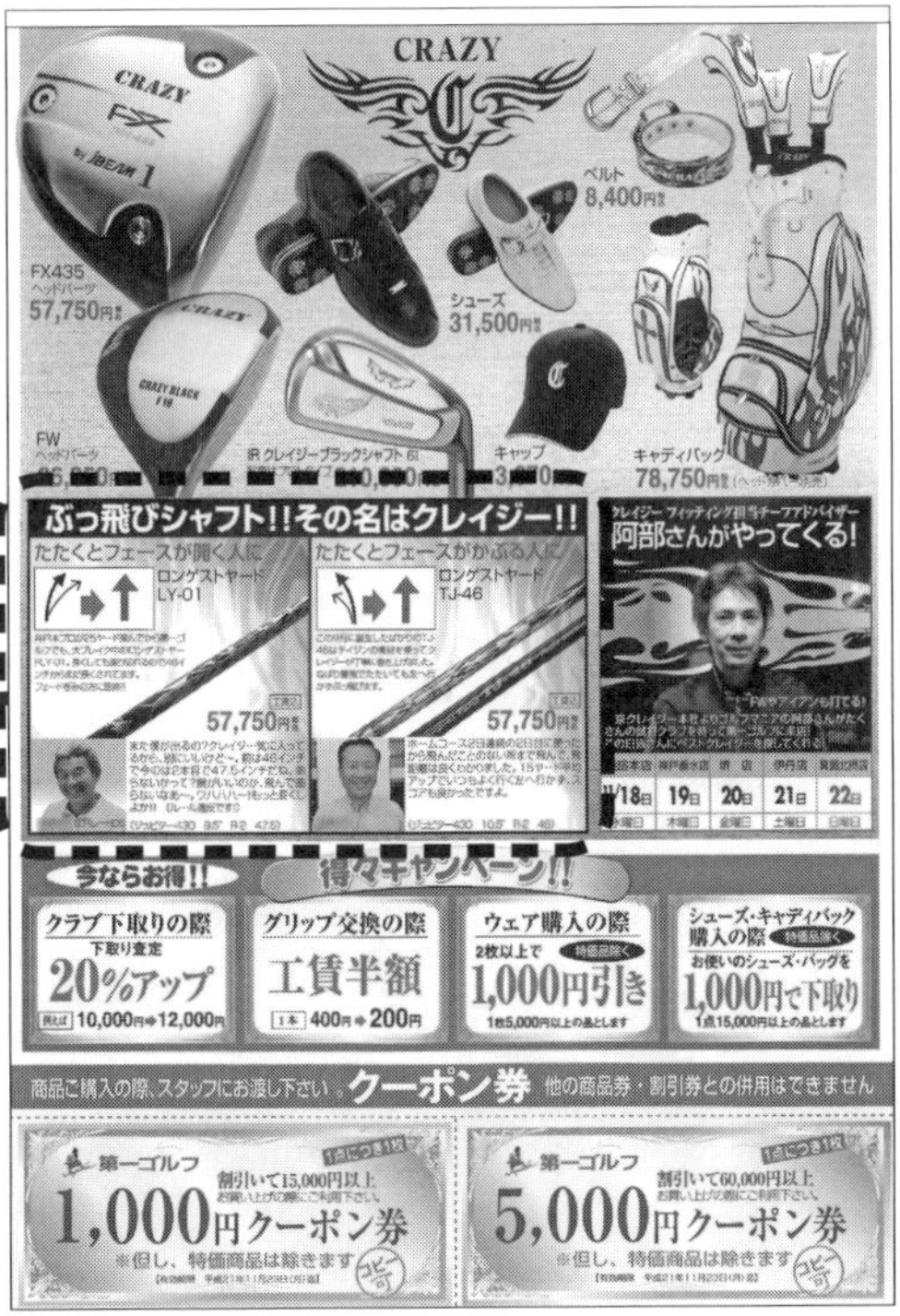

「あなただけに」と
いった個別対応感で
購買心理を動かす

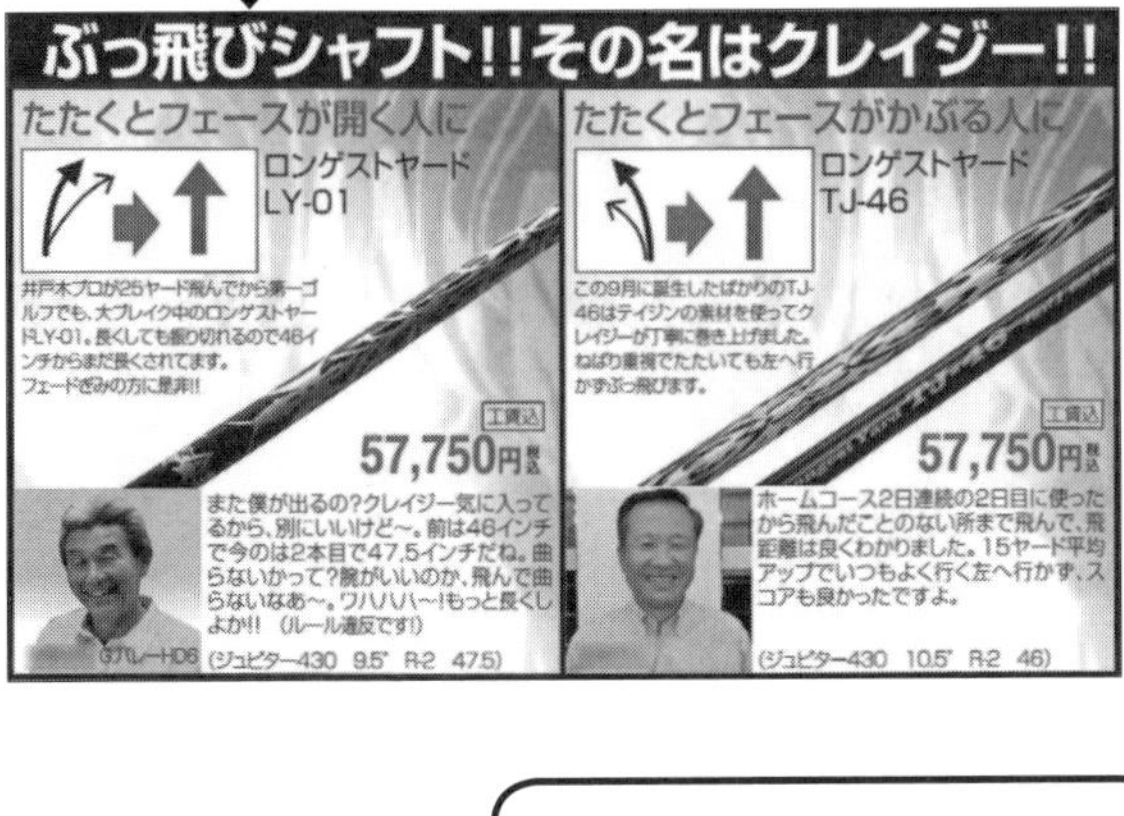

「オンリーワン価値」を
打ち出せば高額でも売れる

ゴルフクラブはシャフトを別注できるため、一般メーカーのドライバーを購入しても自分のスイングに合うシャフトに変えることができるのだが、このクレイジーシャフトは飛距離が伸び、かつ曲がりにくいと評判だ。特に、シニアの間で重宝されている。

クレイジーシャフトの最重要ポイントは、「あなたのスイングに合わせてチョイスできる」ということだ。高性能のスイング診断機により、重さ、しなりなど、さまざまな角度から自分だけの「癖」を測定することで、自分にベストマッチしたシャフトがつくれるのである。

それでは、価格はいくらかと言うと、シャフトだけで7万円強という代物だ。一般的にはドライバー1本で2万円くらいからあるので、シャフトだけで7万円は驚くほど高く感じるが、それでも売れているのである。

オンリーワンの個別対応感がポイント

このことから言えるのは「自分に合った本当にほしいもの」は高くても買うということ。

単なるブランドや見栄えだけではもはや高額品は売れない。前項でも述べた通り、「あなただけに」といった「オンリーワン価値」を打ち出すことが、お客様の購買心理を動かすポイントなのである。

10 お客様の心をつかむキーワード⑧「お客様の声」

お客様の声で長所伸展を目指す

不景気になればなるほど、お客様の購買行動はますますシビアになってくる。そこで重要なポイントとなるのは「徹底したお客様中心主義」をとること。謙虚にお客様の声にじっくり耳を傾けることが必要なのだ。

たとえば、かの有名な老舗旅館「加賀屋」を見れば、一目瞭然である。加賀屋は「プロが選ぶ日本のホテル・旅館100選」で28年連続総合1位の評価を受けている。

その秘訣は、年間2万5000枚ほどのお客様アンケートに常に耳を傾けているということ。このお客様の声に素直に耳を傾ける姿勢が加賀屋のブランドをつくっているのではないだろうか。

これからの販促にとって、「お客様の声」を収集することは絶対に欠かすことはできない。

特に、否定的な意見（いわゆるクレーム）ではなく、肯定的な意見が出るような仕組みをつくることが重要だ。自店の商品やサービスに満足しているお客様の意見から優先的に改善していくということである。

欠点を直すのではなく、よいところを伸ばす「長所伸展」の考え方が、販促には必要なのだ。

お客様の声の取捨選択が大事

本来は、全ての顧客の声の耳を傾けるというのが理想かもしれない。しかしながら、お客様の声には、好みや主観的な問題があることは忘れてはならない。料理の味で言えば、薄味を売り物にしている店もあれば、濃い味を売りにしている店もある。濃い味好きが薄味の店に行っても、おそらく満足感は得られない。お客様の好みがある限り、お客様に100％満足を与えることは永遠に不可能なのである。

ゆえに、お客様の声にばかり振り回されていては商売にならない。もちろん、努力を惜しまないわけではないが、あまり過剰に全ての顧客に合わせていては、自店の強みが失われてしまう可能性もある。

また、全ての要望に応えていては、当然コストもかかる。お客様の声は「神の声」とも言えるが、上手に対応しないと過剰にコストを生み出すこともあるので、「悪魔の声」とも言えるのだ。

もちろん、コストがさほどかからない要望は徹底して応えるべきだ。もっと電話対応を丁寧にとか、笑顔が足りないなど、コストゼロで改善できる要望については今すぐ取り組むべきである。

あるいは、会報誌をもっと頻繁にほしいなど、多少コストはかかるがお客様が喜ぶことなら、なるべく対応すべきである。

☜ 自社の強みを確認する仕組みをつくろう

お客様の声は、ちょっとした細かいことも多い。しかし、顧客満足を上げるには、このお客様の期待を上回る対応を少しずつ実践していくことが大事だ。その積み重ねが本当の「繁盛販促力」をつくり上げていくのである。

ゆえに、いかにお客様のさまざまな意見を吸い上げ、自社の強みを再確認する仕組みをつくるかは重要なことである。お客様の声に耳を傾けるということは、つまり、自社の強みを確認することでもある。

①満足の声を具体化する
②肯定的なクレームに目を向ける
③さらに否定的なクレームも取捨選択しながら改善していく
④自社の強みを見つけて伸ばす

……というのが集客アップとつながる顧客対応の仕組みなのだ。

2章

新規客の心はこうしてつかめ！

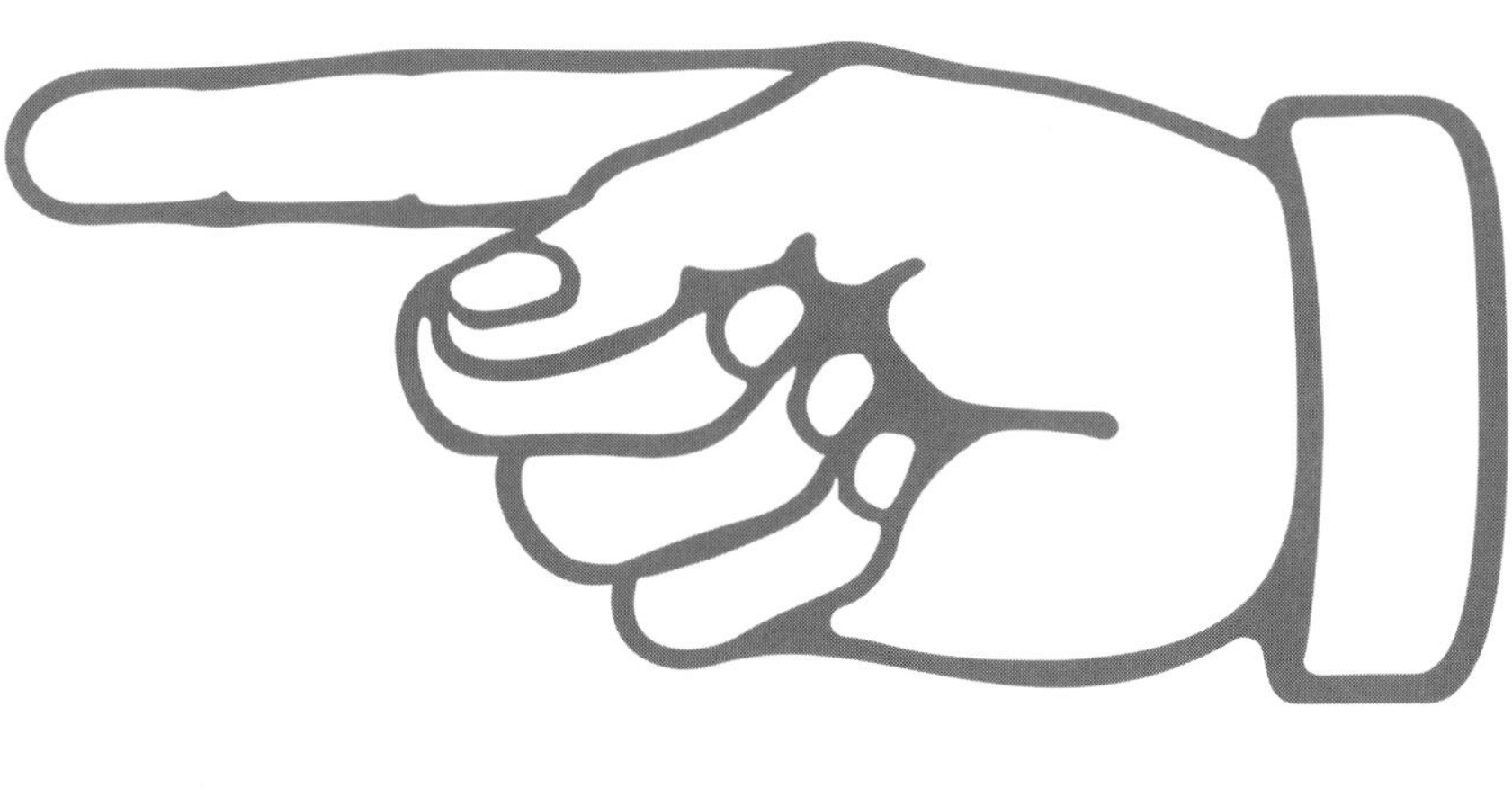

1 お客様の購買プロセスを知る

☞お客様に合わせて販促も変化させる

「客志向」というのは、時代の状況によって変化する購買心理に合わせて、売り手も変化することが重要である。販促・販売手法も、お客様に合わせて変幻自在に変化させなければならない。

たとえば、不況期における新規客の特徴として、「慎重」になるということがあげられる。売り手の強いセールス活動や強引な接客により、警戒心を抱くようになるからだ。そのため、お客様はよりシビアに、より慎重にモノやサービスを購入する傾向が出てくる。

つまり、新規客の慎重な購買意識に対して、強引なアプローチは効果的でないということである。ここで大事なことは、そうしたお客様の志向を的確に捉え、販促・販売方法に落とし込み、実践していくことだ。

☞お客様の心を知る7つの購買プロセス

そこでまずは、購買行動および心理のメカニズムを押さえることからはじめよう。

通常、購買行動は、「興味・関心」→「情報収集」→「比較・検討」→「購買決定」→「確認」→「納得」→「満足」と、7つのプロセスを経ながら変化する。以下にそれぞれのプロセスを詳しく説明していこう。

①興味・関心

どんな人でも商品を購入する場合、その商品に対して興味を持つ。当たり前のことだが、興味を持たないと人は決して購買行動に移らない。購買の出発点は興味・関心からはじまると言える。

②情報収集

興味が湧くと、お客様はその商品に対する情報がほしくなる。特に高額品になるほど、チラシ、雑誌、パンフレット、ホームページなどの情報を求める。

新規客の７つの購買プロセス

①興味・関心	興味を持たないと、お客様は購買行動を起こさない
↓	
②情報収集	お客様は商品の比較・検討のための情報をほしがる。高額品ほどその傾向は強くなる
↓	
③比較・検討	②で得た情報で比較・検討し、「店舗選択」、「商品選択」を行なう
↓	
④購買決定	お客様は最終的に「二者択一」で買うかどうかを決める
↓	
⑤確　認	自分が正しい購買をしたかどうかを確認するため、商品やサービスをすぐに試す
↓	
⑥納　得	商品やサービスが購入額と見合った、またはそれ以上の価値が感じられたら、お客様は納得する
↓	
⑦満　足	購買に納得したお客様は満足感を抱く。そのためには、購入前の売る側からの的確な情報（チラシ、HP、接客、POPなど）が決め手となる

お客様の購買行動のステップを押さえて、狙った販促を仕掛けていこう！

この情報収集は「納得購買」の第一歩であり、特に、他の商品やサービスと比較しやすい情報をほしがるものである。

③比較・検討

情報収集したものを比較するのが、次のプロセスである。比較には大きく2種類ある。

ひとつは、「店舗選択」で、どの店で買うかを決める選択だ。お客様は、その会社や店が信頼できるかどうかを常に見ている。たとえ同じ商品でも、信用できる店でないと、決して財布のヒモを緩めることはない。

ふたつめの比較は「商品選択」の際に行なわれる。比較・検討のプロセスは、すべての購買行動において行なわれており、住宅やクルマなど高額品を買う場合はもちろん、大根1本買うときでも比較して購買しているのだ。

④購買決定

お客様は、①～③の過程を踏んだ上で、どの商品を買うかという購買決定を下す。最終的には、二者択一となる場合がほとんどである。

⑤確認

さらに、お客様は購入後、その商品やサービスをすぐに使ってみたくなる。これは、自分が正しい購買決定をしたかどうかを確認するためだ。

⑥納得

その商品を使用してみて、自分が払った金額だけの価値が備わっていると実感したら、人は納得する。

逆に、高価な金額を支払ったにもかかわらず、価値が低いと感じた場合、納得は起きず、後悔の感情が出てくる。あまりにもひどい場合はクレームとなる。

⑦満足

納得できた後は、自分の購買選択が正しかったという満足感が生まれる。

この際に重要なことは、購買決定前の情報提供（特に②、③）が売り手から徹底されていること。購買に至るまでのプロセスでは、売り手からの的確な情報（チラシ、ＨＰ、接客、ＰＯＰなど）が決め手となる場合がほとんどなのだ。

2 新規客が求めているものとは？

新規客づくりは困難な時代

新規客を増やすことはいつの時代においても、どんな商売でも永遠の課題であり、共通のテーマである。誰しも新しいお客様を増やしたいと思っているのだ。

不況期の今、「新規客」をつくることは困難を極めている。景気のよかった時代と比べると、お客様の購買マインドが冷え込んでいるために、新しい商品やサービスに飛びつきにくくなっているからだ。

そうした買い控え現象や、倹約、節約志向はますます強くなり、より安いもの、よりわかりやすいものに流れる傾向が強くなってきている。２７０円均一の居酒屋や１泊７８００円の温泉旅館などが流行るのも、その影響である。

新規客の特徴を知って集客しよう

しかし、人間は一方で飽きやすい動物でもある。ある一定の「価値」を同じ「価格」でしばらく買い続けると、飽きが出てしまう。要は、興奮しなくなるのだ。

お客様は、買い物に「興奮」を求めている。新規客獲得のためには、そのような人間心理が前提にあることをまずは理解しなくてはならない。そこで整理をすると、新規客は次のような心理特性を持っていると言える。

①初回来店は「安心感」がほしい

初めての店や商品は期待もあるが不安も大きい。誰もがそうであるように、好奇心が強く刺激されない限り、通常、初めての店は敬遠しがちである。

私の経験で言えば、自宅から歩いて5分くらいの場所に焼肉店と理容店がある。10年も前から今の場所に住んでおり、何千回とその店の前を通過しているが、いまだにそれらの店に入ったことはない。もちろん、焼肉は好きだし、散髪にも毎月行く。しかし、目の前にある店なのに入ったことがないのだ。

仮に何らかの好奇心が起こり、一度入ったとすれば、よほど気に入らない場合は除き、近くなので何回かリピートするはずだ。しかし、一度も入ったことがないため、そのハードルはとてつもなく高い。それくらい「初回来店」というのは、よほどの大型店やショッピングセンターでない限り、入りづらいものなのである。

②購入前、入店前にもっと「情報」がほしい

店に入る気がない人に「入ってみたい」と思わせるには、何が大切か？　それは、その店や商品に関する「情報」である。それも、心理的距離感を縮める情報提供が必要となる。

たとえば、目の前にある高そうな寿司屋に入ろうとしよう。いったいどんな情報があれば、その寿司屋に入ろうとするだろうか？　値段？　ネタの鮮度？　大将のこだわり？　カウンターの数？　どんな客層が来ているか？　等々……。どれに興味を示すかはお客様次第なので、それらの情報をわかりやすく、面白く、感動を交じえ、販促物に表わせばいいのである。

不安を払拭するような、きめ細かい「事前情報提供」が、不景気時代の新規客獲得作戦では最も重要なのだ。

③「安そうなイメージ」なら来店しやすい

世の中はデフレムードで、激安商品、サービスが溢れんばかりだ。しかし、構造的にただ安くするだけでは価格競争に陥り、販売力の強い中堅・大手企業に勝つことは不可能である。

では、中小企業はどうすればよいのか？　それは「安さ感の演出」により、値引きを最小限に抑えることである。安くすることと、安そうなイメージをつくることは違う。販促の打ち出し方次第で、お客様は実際の値引き額より安く感じてくれ、来店・購買につながるのである。

たとえば、先ほどの270円均一の居酒屋。これは「全品均一」という打ち出し方がポイントだ。これが焼き鳥250円、冷奴280円、枝豆260円と価格がバラバラでは安そうなイメージは伝わらない。明朗会計の「均一」という、その一語でお客様に安く感じてもらえるのである。

3 新規客には「安心感」が必要

高額品ほど新規客を集めよう

どんな業種であれ、新規客を増やすことは重要課題だ。とりわけ、単価の高い高額品ほど新規客を集めることが大切だ。

これは、購買頻度との関係がある。たとえば、私たちは毎日食べないと生きていけないので、食品の購買頻度は極めて高い。ゆえに、食品スーパーに入ったことがない人はまずいないだろう。

しかし、高額品というのは、当然ながら購買頻度が低い。たとえば、住宅やお墓などがそうだ。おそらく、普通の人なら一生に一度か二度くらいしか購買経験をしないはずだ。当然、住宅メーカーや石材店に行ったことがない人のほうが多いはずである。

したがって、通常、購買頻度が低い高額品ほど新規客比率が高く、「いかに新規客を見つけるか？」が最重点課題となってくる。リピート客が多い低単価業種と違って、高額品は新規客を集められなければ、会社の死活問題となるのである。

この不況下で、お客様の高額品を買うマインドは冷え切っている。クルマにしても住宅にしても、今あるものをなるべく使おうという「節約志向」に走っているからだ。

そのような中、新規客を誘導すること、特に、他社から新規客を奪おうとすることはコストもかかり、なかなか難しいことである。

効率的に新規客を獲得するためには、次のポイントを押さえることが不可欠である。

安心感の演出が必要

新規客には不安がつきものだ。その不安を払拭することが、新規客に対する販促には必須だ。お客様の不

墓石店の「Q＆A」チラシ

「自社の強み」で
答えるのがポイント

Q＆A方式でお客様の不安を具体化し、安心感を演出する

安を消すためには当然、「安心感」を訴求することが重要となる。

それでは、安心感を販促上どのように表現していけばよいのだろうか？

一口に安心感と言っても漠然としているので、簡単には伝わらない。お客様に安心感を与えるためには、テクニックが必要である。

その具体的手法としてよく使われるのが「Q＆A方式」である。Q＆A方式とは、「Q（質問）」でお客様の不安を明らかにし、「A（答え）」で払拭するという方法だ。

50ページのチラシ例では、

「工事って見えないから心配だ。」

という「Q」で、「お墓の施工工事はよくわからない」というお客様が抱きやすい悩みや疑問、不安感を具体化している。これを読んだ多くの人が、「そうそう、そうなのよね」と同調する。

その上で、

「ストーンランド犬塚の技術は最高水準です。」

という「A」で、「プロの職人がきめ細かくつくり上げます」「技能五輪国際大会にて3度優勝」などと具体的にアピールすると、「なるほど、施行技術が高いのか」というようにお客様の不安が解消され、安心感を持ってくれるようになるのである。

ここで肝心なことは、「自社の強み」で不安を払拭しているということだ。「不安の払拭＝自社の強み」になっていないと、お客様への安心訴求には至らないのである。

4 新規客には「ビフォアサービス」をしよう

☞ビフォアサービスで安心感を与えよう

本章の1項で説明したように、お客様は7つの購買プロセスを経て最終的に満足感を得るわけだが、顧客満足の要因がどこにあったのかを考えることは重要だ。なぜなら、その要因次第で口コミが広がったり、リピートが増えたりするからだ。

では、顧客満足の要因はどこでつくられるのか？

それは購買決定前のプロセスにかかっている。つまり、情報収集や比較購買の時点での、売り手からの的確な情報提供次第なのだ。それを「ビフォアサービス」と呼ぶ。

購買後に行なうアフターサービスは定着しているが、ビフォアサービスとは、購買前における情報提供活動を指す。このビフォアサービスを的確に行なえば、新規客に安心感や信頼感を与えることができ、集客率や購買率が高まることは間違いない。さらにはリピート客づくりにも結びつくはずだ。

☞情報提供でお客様の警戒心を取り除く

情報提供は主に二段階に分かれる。第一段階は来店する前であり、第二段階は来店後である。

第一段階において最も重要なのはチラシだ。チラシの役割とは、低単価品を打ち出し、集客をかけることだと思われがちだが、特に高額品の場合は、お客様が情報を比較しやすいよう提示することがポイントとなる。

たとえば、情報提供型のチラシは、「安心見学会」など、新規客にとって魅力的な企画で訴求することがポイントだ。さらに、ホームページ上でも同じ内容を掲載することで相乗効果が出てくる。

第二段階において重要な販促手段は、ＰＯＰやガイ

お墓づくりのガイドブック

これで悩みも一挙解決!! お墓のQ&A

お墓づくりは初めてなので疑問や不安がつきものです。
そこで石材店選びで決して迷わないための
ポイントを紹介しましょう。

墓石店のイメージについて

Q 墓石店って、せまくて暗くて入りづらくないかしら？

A ストーンランド犬塚は県内最大級の広さです。

当店には「100点」展示し、県内有数の広さを誇っております。たくさんの品揃えの中から選ぶことで、ご満足いただけると思います。

—1—

「売りの匂い」を出さず、あくまでも「情報提供」を前面に出そう

ドブックである。とりわけ高額品販売においては、来店したとしても、まだ購入すると決めたわけではないため、警戒心が強い。

一方で、新規客は、その店舗や会社のことを理解したいという気持ちも持っている。したがって、ガイドブックや店内ＰＯＰで会社の強みを理解させたり、安心感を与えるような演出が必要である。

自社の強みをわかりやすく伝える戦略

たとえば、53ページの「お墓づくりのガイドブック」は、売り込みのパンフレットというより「墓石店選びの手引書」のようなつくりになっている。読み手のお客様にとっては、購買選択のためのツールとして読んでもらえる。このような「情報提供」を前面に出したネーミングをつけるのは有効である。

前項でご紹介した「Q&A形式」をうまく活用しているのもポイントだ。事例のガイドブックでは、「Q（質問）」で「墓石店って、狭くて入りづらいわよね」というお客様の不安を具体化し、「A（答え）」で「当店は県内最大級の大型展示場だからゆったり見られます」というように、自店の強みを打ち出した解答を提示している。これを読んだお客様は、「なるほど、広くて品揃えも豊富なんだ」と信用してくれるだろう。

ただし、狙いはあくまでも「自社の強み」を訴えることなので、強みをわかりやすく伝えることが大事だ。単なるQ&Aにするのではなく、あくまでも自社の強みを伝えることで、新規客の警戒心を解いて安心感へと変化させ、クロージングにつなげるのである。

集客・成約率を高めるために、ビフォアサービスで情報提供することは欠かせない戦略なのだ。

5 新規客には「安さ感」が欠かせない

☞「安そうなイメージ」と「安くすること」は違う

「安さ感」は不況期には欠かせない要素だが、新規客にとってはとりわけ重要なポイントである。

不況期は購買心理がシビアになるため、少しでも安いほうへと流れやすくなる。そのため、高級なイメージ、高いイメージがあると、なかなか新規客は入りづらい。そこで安さのイメージをつくり、入りやすい演出をするのだ。

繰り返して言うが、安さ感とは単なる値下げではなく、「安そうなイメージづくり」であって、決して安くすることが目的ではない。

もっと言えば、安さ感とは少しの値下げで大幅に安くなっているようなイメージをつくることだ。

☞キャッチコピーは話題性の高さがポイント

そこで一番大切なのは、チラシであればキャッチコピー（タイトル）である。

お客様は、チラシを見るときに必ずタイトルから見る。タイトルを見てチラシの全体像を把握し、内容を確認するのである。そのため、タイトルづくりは非常に重要だ。

特に話題性が高いテーマを使うのは、安さ感を演出するのに効果的である。

たとえば、経済や政治などのニュースに関連づけるキーワードが有効だ。誰もが知っている話題をうまく使えば、目を引くタイトルをつくり上げることができる。

次ページにあげた衣料品店のチラシ例では、「発表おめでとうございます！　ひと足お先にタケウチからの定額給付金です！」という話題性の高いキャッチコピーでお客様の関心を引いている。

衣料品店の「大義名分」チラシ

よくあるキャッシュバックキャンペーンも大義名分次第で安さ感を演出できる

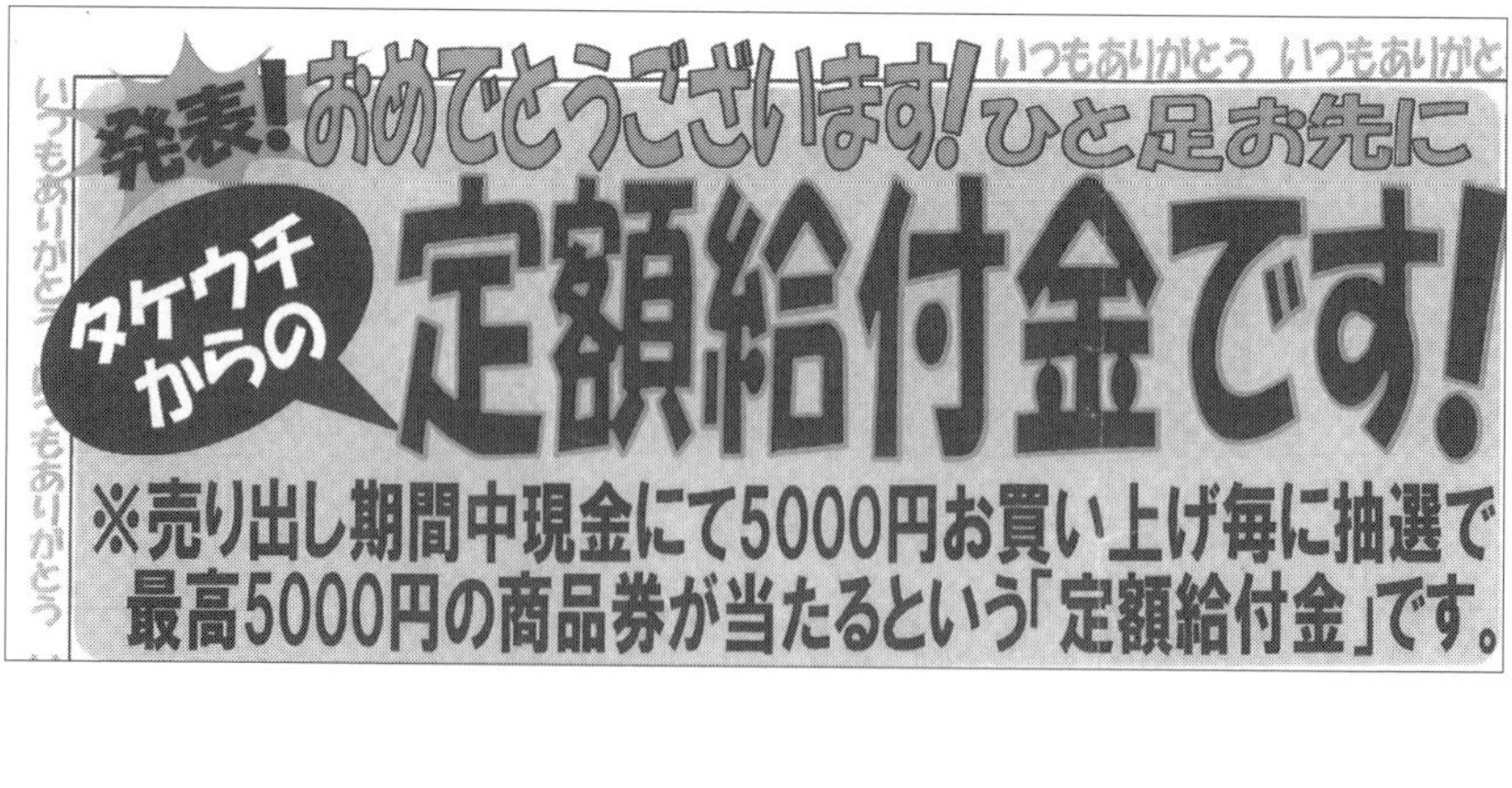

「定額給付金」という当時話題のニュースを取り入れたタイトルでお客様を訴求

このチラシを打った２００９年春は、ちょうど定額給付金が支給される直前のタイミングであり、「ひと足お先に」とタイムリーに話題性のあるテーマで訴求している。

チラシの内容としては、期間中に５０００円お買い上げごとに、抽選で最高５０００円の商品券が当たるという、いわゆるキャッシュバックキャンペーンのような企画で集客しようというもの。不況期にはこのような企画は当たりやすいが、お客様を訴求するためには「大義名分」が必要となる。

そこで、お客様の財布のヒモが緩みそうな定額給付金というニュースと関連づけ、チラシに注目させるようにするのだ。

最近、このようなキャッシュバック形式の販促が増えている。不況期なので、どうしても目先の集客を狙って行なうのはわかるが、単なるキャッシュバックではお客様のほうも段々慣れてきて反応が鈍くなってしまう。

その中でお客様の心をつかむ販促をしていくためには、安さ感を演出し、大きな効果を生み、集客に結びつけていくだけの大義名分が必要なのだ。

6

新規客は「特典」がお好き

☞おまけはつけるだけではダメ

デフレ不況は価格志向が強くなり、売る側も買う側も急速に「安価」に走りがちになる。そのため、必要以上の安売りが横行し、際限のないディスカウント合戦になりやすい。最終的に企業は体力を消耗し、売上を圧迫するようになる。

このような悪循環を断つためには、必要以上に安売りに走らないように注意をしながら、かつ、お客様にインパクトを与えて集客する方法を模索しなくてはならない。

その方法のひとつとして、おまけをつける「お得感の演出」という手法がある。お得感の演出とは、価格を下げず、プラスアルファの特典、プレミアム感などで得するイメージを与える方法である。

ただ、この特典も単につけるだけでは効果は上がらない。特典も戦略的につくらないと、ただのオマケでしかないのである。

とりわけ、高額品の集客において特典は有効な戦略と言える。なぜなら、高額品は集客するだけでは売れないケースが多いからである。集客しても最後のクロージングまで考えた戦略でないと、売上には結びつかないのだ。

☞「特典」チラシの4つのステップ

次ページに集客からクロージングまでのステップを盛り込んだ「特典」チラシの例をあげた。以下に、各ステップを説明していこう。

第1ステップ　「来店特典」をつける

まずはお客様が来ないことには商売にならないので、来店特典で集客しよう。これは、来店した人全てに差し上げる特典なので、自社の販売ツール（資料、パン

石材店の「特典」チラシ

キャッチコピーでも「4大特典プレゼント！」と訴求

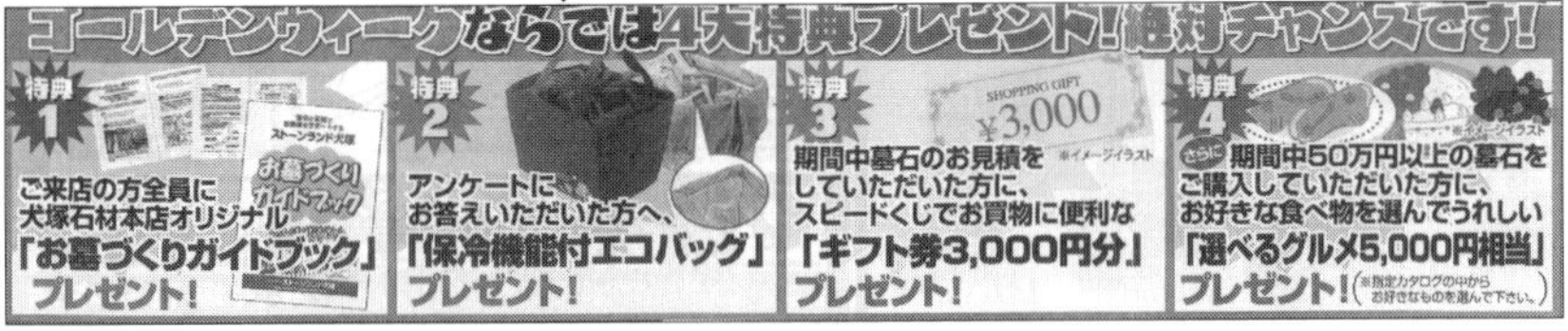

集客からクロージングまでのステップを盛り込んだ特典で販売につなげる

フレットなど）を「情報提供」することが望ましい。

ただし、単なるパンフレットでは、お客様が価値を見出すことはない。あくまでも購買をサポートするための情報提供ツールにすることが大切だ。

第2ステップ　「アンケート特典」をつける

続いて、来店した顧客に対して行なうアクションは、「顧客情報入手」である。住所、名前、電話番号、メールアドレス、購入意欲、購入時期、来店動機などのパーソナルデータは販売上、必要なものである。特に、高額品販売には不可欠だ。

顧客情報を得るためには、アンケートが効果的である。アンケートの回収率を高めるために、特典をつけるわけだが、通常は雑貨品や日用品といったモノが最適であり、原価５００円前後くらいから選ぶのがベターだ。

第3ステップ　「抽選特典」をつける

第３のステップとして、来店客をどのように購買へと結びつけるかが課題となる。

そのためには、お客様に次のアクションを起こさせなくてはならない。そのアクションとは、商品によって異なるが、「見積もり特典」「プラン依頼特典」「試乗特典」など、購買直前でのアクションにつながる特典がよい。

他にも、「スピードクジでお買い物に便利なギフト券３０００円分プレゼント」といった購買行動に結びつきやすい仕掛けもある。その際、アンケート特典よりワンランク上の特典にすることがポイントだ。

第4ステップ　「お買い上げ特典」をつける

最後にクロージング、つまり成約した際にも特典をつけよう。これはあくまでも客単価アップが狙いだ。

たとえば、59ページのチラシ例のように「期間中50万円以上の墓石をご購入の方にグルメ券進呈」などと、ある一定の単価以上の商品を購入のお客様にのみプレミアム特典をつけるのも有効だ。特典もステップ方式にすることにより集客、販売へと結びついていくようになるのである。

7 「ノンセールス」チラシが新規客を呼ぶ

☜集客と販売を分けて販促を行なうことがポイント

新規客を呼ぶ場合に大事なことは、「集客」と「販売」の分離である。

集客は文字通り、お客様を集める活動であり、通常、「マーケティング活動」と呼ぶ。チラシ、ＤＭ、ＨＰなどを駆使してお客様を集める行為のことである。

一方、販売は「セールス活動」と呼び、商談、接客、営業など、まさしくクロージングまでを含めた対面における販売行為である。

この集客と販売を混在させてしまうと、特に高額品の場合、集客が大幅に落ちるケースが多く見られる。

- **住宅販売で、必要以上に価格を載せる**
- **クルマの販売で、クルマの種類を必要以上に多く載せる**
- **呉服販売で、激安ばかり強調しすぎる**
- **仏壇販売で、商品ばかり掲載し、「売りの匂い」が強すぎる**

というように、販売を意識しすぎて、販促物にセールス色が強く表われると、お客様の警戒心が強くなり、集客率が低下することはよく見かけられるのだ。

☜ノンセールスチラシの特徴

新規客の集客には、セールス色を排除し、いったん「売り」の匂いを消した「ノンセールスチラシ」が効果的なのである。ノンセールスチラシを作成する際は、以下のことを心がけよう。

①商品掲載はなるべく絞る

売りたい意識が先行し、チラシ全面に商品一色にすると、セールス色が強くなる。そのため、特にオモテ面では商品アイテムを絞るほうがよい。業種にもよるが２～３アイテムに絞るのがベターである。

②商品説明は最小限にする

さまざまな機能がついている商品の場合、まるでパンフレットのように一つひとつ丁寧に説明するチラシをよく見かける。確かに対面接客においては、パンフレットのようなものがあったほうが説明しやすいが、チラシでの紙面上では、多くの機能を説明しても伝わり切らない。チラシは商品説明ではなく、集客が目的なのだ。

③価格表示は原則しない

チラシは価格を掲載した瞬間にセールス色が強くなる。集客という観点に立てば、必要以上に価格を入れるべきではない。一昔前は高額品でも全て価格を入れるべきだと主張してきたが、それは景気がよいときの話である。不景気においては、お客様は価格に敏感になりやすい。そのため、特にチラシのオモテ面では、原則、価格を訴求しすぎないほうがよいのだ。

④イベント的要素を盛り込む

イベントは、お客様が気軽に行ける気分になるため、来店のハードルが下がる。ゆえにチラシ上、お祭り的な雰囲気をイメージできるような企画を打ち出すと効果的だ。詳しくは本章9項で説明する。

⑤情報提供をする

高額品になればなるほど、商品購買前の事前情報がほしくなる。たとえば、家やクルマや大型テレビを購入する場合、さまざまなメーカーのパンフレットを集めたり、雑誌を購入したり、HPを見たりするはずだ。それらの行為はある種楽しみであったりもする。あれにしようか、これにしようかといった「選ぶ楽しさ」だ。つまり、情報を提供することで「楽しさ」「ワクワク感」を与えることができるということである。

このように情報提供には、セールス色が消え、集客効果が高まるという特徴がある。特に効果が高いのは「比較情報」である。多くの購買行為は「比較」というプロセスを通過する。比較したいという気持ちは万人共通なのだ。さらに、「オール電化 vs オールガス」「液晶テレビ vs プラズマTV」など、旬のテーマで打ち出すと、集客を高めるイベントと絡めて情報提供することができる。

8 「見学会」チラシが新規客のハードルを下げる

ノンセールスのイメージが不可欠

新規客を集客する効果的なチラシの打ち出し方のひとつに、「見学会チラシ」がある。

不況期はとりわけ、お客様の購買心理が冷え込むため、まともにチラシを打っても勝ち目がない。「そのうち客」が増え、「今すぐ客」が減るので、「そのうち客」をいったん集客しておくことは重要である。

そこでポイントとなるのは、クロージングに持っていくまでに、まずはお客様を「その気」にさせることだ。

そのためには、チラシに「ノンセールス」のイメージを出し、お客様の警戒心をなくしてハードルを下げよう。その有効な手段が、「見学会」チラシなのだ。

見学会チラシづくりの6つのポイント

見学会とは文字通り、「見学」が目的となるため、見学を主体としたチラシづくりが重要である。そのためには、チラシのオモテには「売り」の要素を一切出さないのが条件となる。

以下、64ページのチラシ例に基づき解説していこう。

①店舗の大きさをPRする

サブタイトルの「大型墓石展示場！」の「大型」がキーワード。店の強みである「大型」を訴求するだけでも、かなり効果が高い。

さらに、店舗の大きさは入店しやすさを感じさせるので、お客様の来店ハードルを下げることができる。

②店舗内の様子がわかる

チラシの左上に店舗内のリアルな様子を見せることで、来店時のイメージを想像させやすくしている。

さらに、「見やすく、歩きやすい展示場だからとっても安心です。」というキャッチコピーにより、安心感を演出している。

石材店の「見学会」チラシ

保証書やお礼状の実物、接客風景の写真などでトコトン安心感を打ち出す

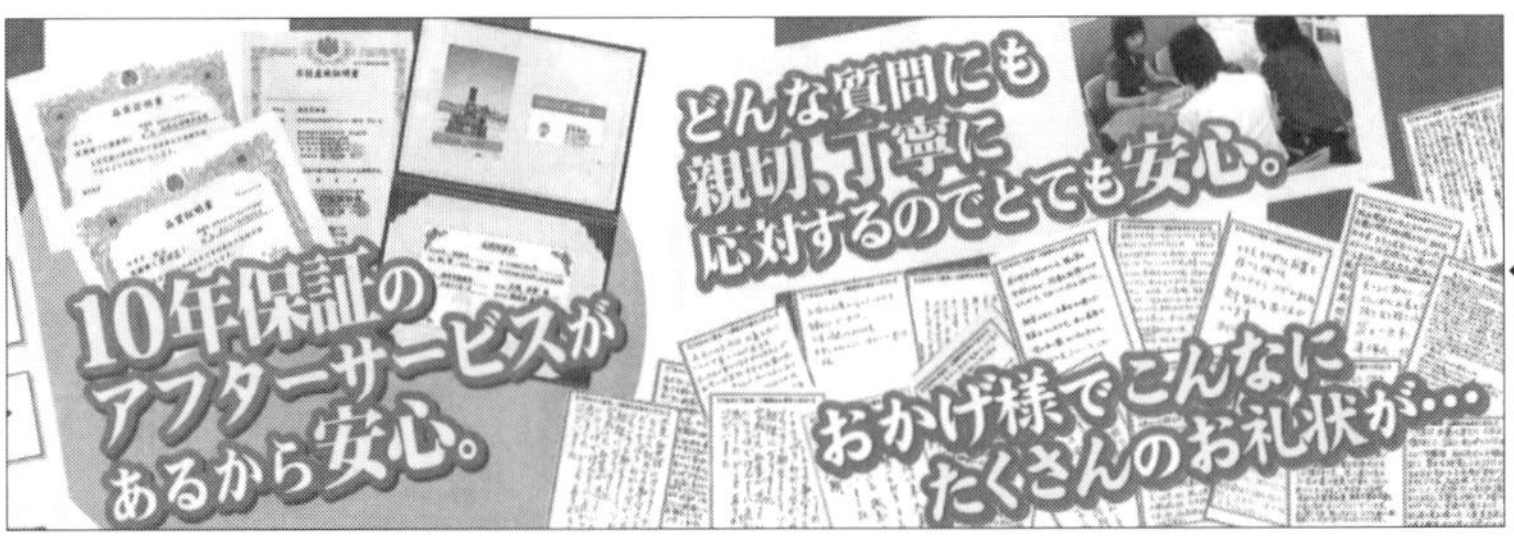

「ノンセールス」のイメージが大事

③安心感に関連する強みを訴求する

「全品、価格と品質が明瞭なので、とても安心。」といったキャッチコピーとともに、店内ＰＯＰの実物を掲載するなど、店の強みを活かした安心感の演出をしよう。チラシ例では、保証書やお礼状の実物を載せたり、実際の接客風景の写真などでビジュアルに安心感を訴求している。

④タイトルはポジティブキーワードがポイント

新規客に対して、「販売会」「セール」「相談会」などの「売り」を想像させるような表現は避けるべきだ。

見学会は、「とりあえず見たい」という欲求に連動するので、来店促進につながりやすい。そのため、「安心」「安全」「感謝」「親切」「真心」「信頼」「信用」「おもてなし」「丁寧」「満足」「納得」「誠実」などのポジティブなキーワードで、安心イメージをつくっていこう。

チラシ例では、メインタイトルの「お墓づくり安心見学会」の「安心」という文字が、新規客への訴求ポイントとなっている。

⑤客層を具体的に訴求する

需要喚起として、「こんな方におすすめします。」と、客層を具体的に訴求するのは有効な手段である。

「まだ決めていないが、とりあえず話を聞いてみたい方」「お盆までに建てたいと考えている方」「安心して話を聞いて納得して購入したい方」など、いわゆる「そのうち客」をターゲットとしているのがポイントだ。

⑥特典訴求もバラエティ豊かに

特典は「最後の背中押し」効果がある。「特典があるからとりあえず行く」ではなく、「見学会に行って、ついでに特典をもらうかな」という意識を与えることがポイントだ。

通常は３～５つの特典をつけ、「ステップアップ方式」にするとよい。「来場プレゼント」→「アンケート記入プレゼント」→「成約プレゼント」という具合だ。

それぞれの役割は、来場プレゼントは「客数アップ」、アンケートプレゼントは「見込み客率アップ」、見積もりプレゼントは「成約率アップ」、さらに成約プレゼントは「客単価アップ」など、特典の目的をしっかり設定していくことが重要である。

9

「イベント型」チラシが新規客を掘り起こす

☞不景気こそ成果が出るお祭り的イベント型チラシ

不況期にチラシで新規客を集客する場合、これまでと同じ打ち出し方では、お客様はなかなか動いてくれない。不況期には不況期対応の、新規客に向けたチラシを打ち出す必要があるのだ。

そのための対応策のひとつとして、「イベント型」のチラシがあげられる。イベント型チラシは、お客様の興奮をかき立てる「お祭りムード」を出して集客する。「売りの匂い」を消し、お祭りムード一色にすることによって「ノンセールス」を意識したチラシにすることで新規客に訴求することが重要だ。ポイントは次の3つに集約される。

①イラストでイベント的雰囲気を高める

イラストをうまく使うことで、お客様のイメージをかき立てよう。

67ページの住宅会社のチラシ例では、夜店や縁日のイメージのイラストを描くことで、チラシ上でお祭りムードを出している。子供や大人達が楽しんでいる様子を具体的に描写することで、「お祭りに行きたい」という潜在的な感情を引き出すのである。

お祭りは、子供だけではなく大人にとっても楽しいものである。誰もが持っている、お祭りが楽しかったという子供の頃の記憶をくすぐるような、楽しい雰囲気を演出するだけで「売りの匂い」が消え、新規客の警戒心や不安感を解き、来店ハードルを下げることができる。

もちろん、実際のお祭りの風景の写真でもかまわないが、自社・自店のお客様に向けてより効果的にイメージをかき立てるために、自由自在にアレンジできるイラストを使うことをおすすめしたい。

住宅会社の「イベント型」チラシ

相談コーナーは「売りの匂い」がしないようにスペースの大きさや表現を工夫しよう

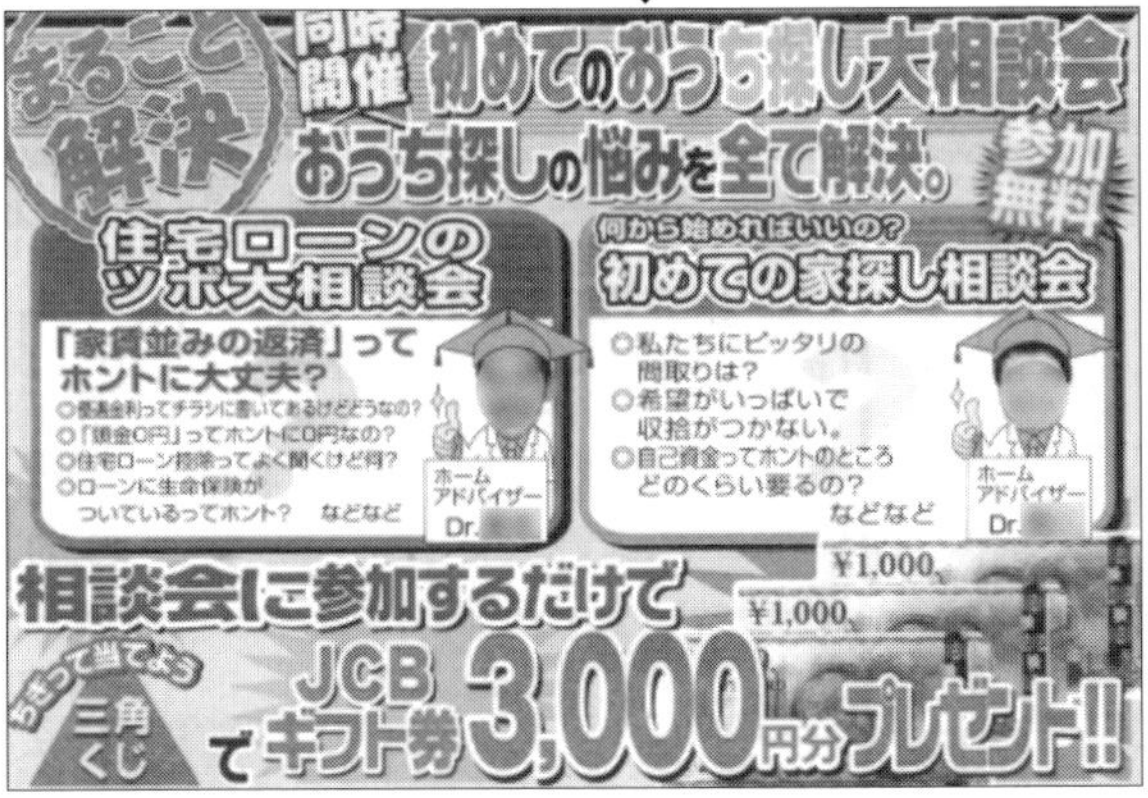

写真やイラストをふんだんに使ってイベント性を高めている

②特典でイベント性を演出する

さらに「来場特典」など、いわゆるプレゼントでイベント性を演出していこう。

ファミリー客をターゲットとしている場合、子供が楽しめる企画を中心に打ち出すのが鉄則だ。大人が喜ぶイベントはコストもかかり、労の割には益が少ない。そのため、子供をターゲットとして企画を組むと集客に直結しやすい。

前ページのチラシ例では、縁日風のイメージで統一させた来場特典でお祭りムードを高めている。焼きそば、たこ焼き、クレープなどを、縁日の屋台のように目の前で焼いたりしてお客様にふるまうという企画で訴求している。

ヨーヨーつりや金魚すくいなどの遊びのあるイベントも効果的だ。大人も楽しめるように、ダーツやパターゲームを入れてもよいだろう。

子供が喜ぶものをプレゼントするのもアイデアのひとつだ。

たとえば、よく縁日で見かけるキャラクターのお面。お面は子供受けがよいがそこそこ値が張るため、親にはなかなか買ってもらえない。そのため、お面がもらえるというだけで立派な来店動機となる。

③相談コーナーをつくる

集客のためにはイベントを成功させることも大事だが、最終的には売ることも考えていなければならない。

というのも、あまりイベント性が強すぎると、まったく買う気がない人まで多く集客してしまう恐れがあるからだ。

もちろん、来店客数の10％程度であれば問題はないが、あまり多すぎると手間ひまをとられるだけで、売上に結びつかないケースもある。

そこでチラシ上に、「売りの匂い」をほんの少しだけ出すのである。

チラシ例では、「相談会」への誘導を仕掛けている。相談というのは、結構ハードルが高い。売る側は単なるアドバイスと思っていても、買う側はセールス活動に見えるからだ。

そのため、スペースの大きさや表現を工夫しなくて

自動車販売店の「店外催事」チラシ

「単品訴求」を打ち出したタイトルや、イベント、特典、ビジュアルなど集客効果を狙った工夫がたくさん仕掛けられている

はならない。
チラシ例のスペース程度であれば、「売りの匂い」が前面に出ることはない。イベントの集客的にはさほど影響もなく、比較的、見込み度の高い集客が可能となってくる。

店外催事も効果的

また、「店外催事」というイベント方法もおすすめだ。

不景気では店頭での集客が落ちるため、非日常性をつくる必要がある。そのため、近隣の公的な会場など自店以外の場所でイベントを行なうのも、集客効果を期待できる手段だ。

69ページの自動車販売店の店外催事のチラシ例では、「タイトル」がポイントだ。「軽まつり」というタイトルで、「軽自動車」に特化したことにより、品揃えの深さとこだわりを演出できる。

このような「単品訴求」の絞り込み型チラシは、不況期における対応策として有効である。

さらに、ハートマークのイラストや女性の写真などで、柔らかいイメージをつくり出す工夫をすることで、「イベントに行きやすい」印象を与えている。

イベント特典も、「BOXティッシュ来場3個、成約は50個」とボリューム感のある内容で、具体的でビジュアルに見せることが重要である。

イベント的要素としては、「ミニ四駆コーナー」「子どもコスプレ大会」など、子供が喜ぶ企画を打ち出して、ファミリー客に訴求している。

10 クロージングにつなげる「オープニング」チラシ

☞オープニングチラシは店の強みを伝えるチャンス

「新規オープン」は大きな集客効果がある。日本人は新しい物好きだ。「新製品」や「新規オープン」などのキーワードに対して敏感に反応し、お客様が集まる傾向がある。

ただし、チラシでの伝え方はうまく工夫しなければならない。というのも、オープンチラシである程度、その店に対するイメージが定着してしまうからだ。

そのため、集客率が上がるチラシをつくることを心がけながら、店舗や会社のイメージや強みを伝えることを意識しなければならない。

☞安心感を打ち出すオープニングチラシづくり

次ページは、モデルガーデンのショールームのオープニングチラシ例である。ポイントはズバリ、「ＯＰＥＮ」の文字を大きく訴求していることだ。

不景気の影響で、住宅関連業界は集客、売上ともに著しくダウンしており、ショールームやモデルハウス見学も集客が難しい状況である。チラシにおいても、単なる見学会という打ち出し方では弱いので、ショールームが完成したときに、「新規オープン」のイメージを大々的に伝えて訴求することが鉄則だ。

チラシ例では、真ん中に「ＯＰＥＮ」という文字を入れ、中心部分にはスタッフと花の写真のコンビネーションにより円を描いている。丸い文字やデザインにより柔らかい印象を与え、安心感を伝えるのに効果的だ。

オープンには特典がつきものだが、商品関連性を意識したキッチンガーデンの苗プレゼント、イベント性を重視したフランクフルトプレゼント、ファミリー客

モデルガーデンの「オープニング」チラシ

〈オモテ〉

〈ウラ〉

自店の強みと安心感をいかに伝えられるかがポイント

を意識したお菓子つかみ取り大会など、それぞれの特典にも意味づけをすることもポイントだ。

さらに、ガーデニングの女性講師を招いてアカデミック性を演出しているのも効果的である。情報提供をすることで、信頼性もアピールできるのだ。

また、店舗の入り口周りである、いわゆる「ファサード」の写真を載せていることも重要なチェックポイントだ。店舗の外観写真を掲載することは、来店時の目印もなるし、入りやすそうな演出につながる。オープニングチラシでは、店舗全体を見せることが安心訴求にもつながるのだ。

☞チラシはウラ面もポイント

ウラ面でも、前述のチラシパターンと同様に商品訴求を行なう。チラシ例のウラ面では、「フローリング調のデッキ」「ガーデンテラス」「目かくしフェンス」などのいわゆる集客商品を掲載しているのが注目点だ。

ウラ面では、主力商品である高単価の「ガーデンリフォーム」ではなく、比較的単価の低い集客商品を中心に訴求するほうが集客上、反応がよいのである。

また、ウラ面でも特典訴求は有効である。しかし、オモテ面の特典とは狙いがまったく違うことに注目しよう。オモテ面の特典はあくまでも集客が目的なので、子供を対象としたものが多い。前述したように、ファミリーを中心としたイベントの場合は、子供をターゲットとするのが原則だからだ。

ところが、来店後については、いかにクロージング（成約）できるかが最大のポイントとなる。そのため、ウラ面では大人が喜ぶ特典（現金、ギフトカード、グルメチケット、旅行券など）を用意する必要があるのだ。事例の場合、「見積もり特典」「成約特典」として来店後、次のステップに移行させやすいような仕掛けをしている。

販促は、あくまでもクロージングが狙いだ。オープンイベントのような催事は、集客は多いがクロージングがイマイチ……というケースが少なからずあるので、このようなお客様への「狙った仕掛け」が必要なのである。

3章

リピート客の心はこうしてつかめ！

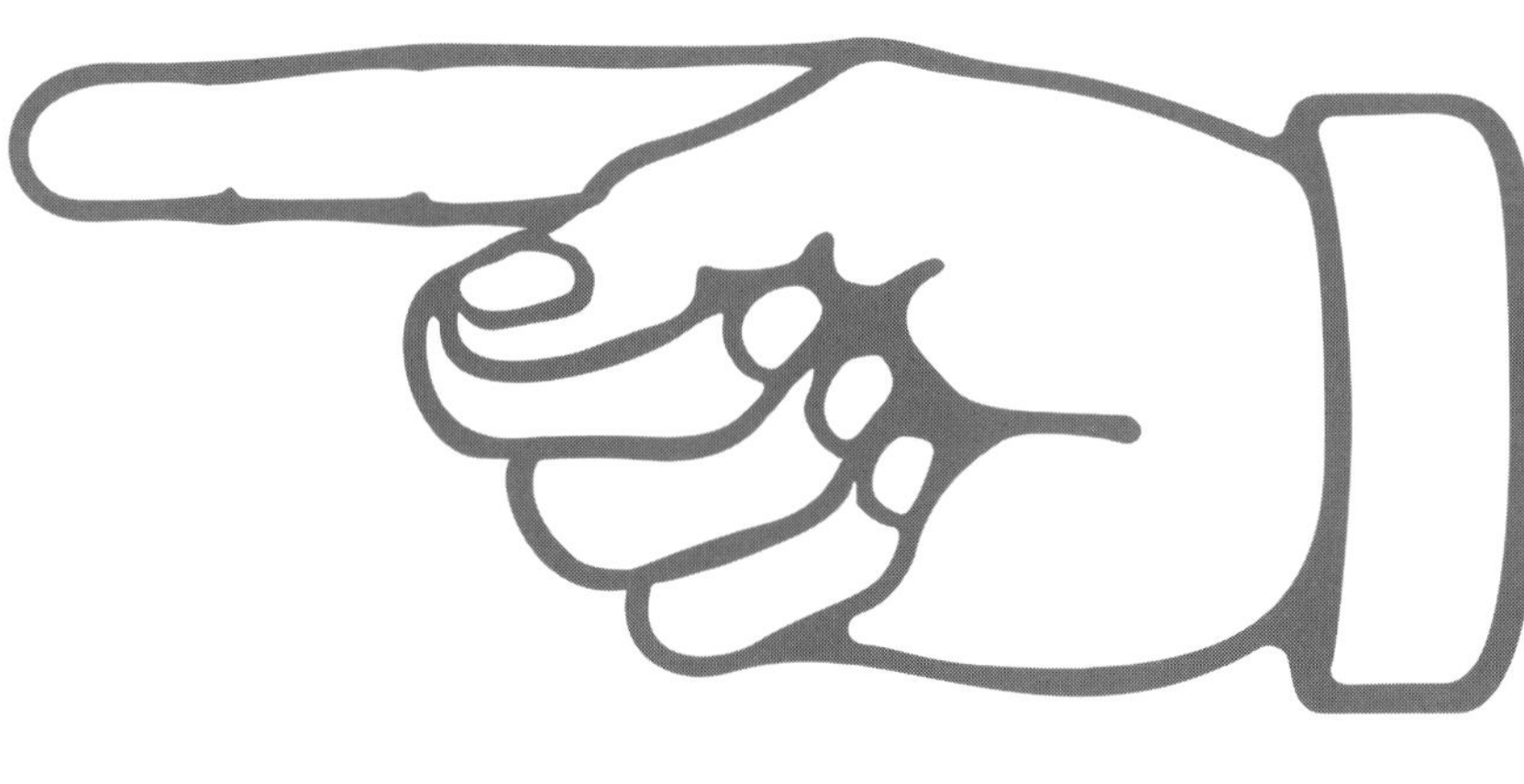

1 今こそリピート客づくりに全力投球せよ！

☞ リピート客づくりが繁盛の基本

さまざまな層の顧客の中でも、とりわけリピート客を育てるのは重要である。ほとんどのビジネスが、新規客を求めるだけでは限界があり、リピート客を増やさないことには成立しないからだ。

リピート客づくりは、既存のお客様がリピートしてくれるかどうかに、繁盛の成否がかかっていると言っても過言ではない。とりわけ、以下のような業種、ビジネスでは重要である。

◆低単価品を扱う小売業、サービス業

客単価が1万円以下の小売業は、基本的に「リピート商売」だ。食品スーパー、ホームセンター、ドラッグストアなどの多くの店舗では、リピート客により商売が成立している。外食やサービス業も、リピート比率が非常に高い。

また、家具、家電、クルマなど客単価1万円以上でもリピート客なしでは成立し得ない業態も少なくない。

リピート販促で店舗の業績が大きく変わるこれらの業種・業態は、既存顧客にいかに満足感を与え、リピート客化するかがポイントとなる。

◆地域密着型のあらゆるビジネス

地域に根ざし、特定のエリアで「地元客志向」を徹底的に貫くビジネスも、リピート客づくりが必要不可欠である。

たとえば、工務店、リフォームショップ、歯医者、印刷業など、その地域で一度評判を落とすと致命的な業種だ。よって、リピート客の育成に全力で取り組まなければならない。

☞ お客様の満足度を高める3つのポイント

リピート客づくりにおいて重要なポイントは、以下

の3つがあげられる。

①既存客の満足度UPを目指す

商品やサービスを購入しているお客様に対して、「満足度」を上げることを考えること、つまり、「もっとお客様が喜ぶことは何か」をひたすら追求しよう。

そのためには、あらゆる角度から既存のお客様が喜ぶことを常に考え、現場に反映させることが大切だ。

たとえば、POPひとつをとっても、商品を比較しづらく、わかりにくいPOPは見ているだけで欲求不満が高まり、買う気が失せてくるものである。商品が選びやすく、かつ商品価値が一目で伝わるPOPであれば、お客様に喜んでもらえるはずだ。

②満足を超え、感動を与える

商品やサービス、情報が飽和状態である現在、お客様は並大抵のことでは満足してくれない。

そのような状況で繁盛するためには、お客様の予測を超える満足感を与えてファンになってもらうことが有効である。

あるパチンコ店の事例を紹介しよう。ある日、70才くらいのおばあさんがパチンコを打ちに来たが、ドル箱で足を引っかけて転んでしまった。幸い、大きな怪我はなく、ことなきを得たようだが、その店のスタッフは、おばあさんをわざわざ病院までタクシーで連れて行き、介抱したという。おばあさんは大層感激して、その店のファンとなって毎日来店している。このスタッフの行動が口コミを呼び、その店は地元で有名な超繁盛店となっている。

このような行動は、とっさの判断ではなかなかできない。日頃からトップをはじめ幹部社員が、お客様を感動させること、喜ばせることを現場スタッフに繰り返し唱えることが大事だ。

③マンネリ化を防ぎ、常に革新的である

提供する商品・サービスがどんなによくても、お客様はある一定期間買い続けると飽きがくるものだ。しかし、今の商品やサービスに不満を持っているわけではないので、いかにこの「マンネリ化」状態を防ぐかがポイントとなってくる。

ここで大事なことは「保守70革新30」という意識で

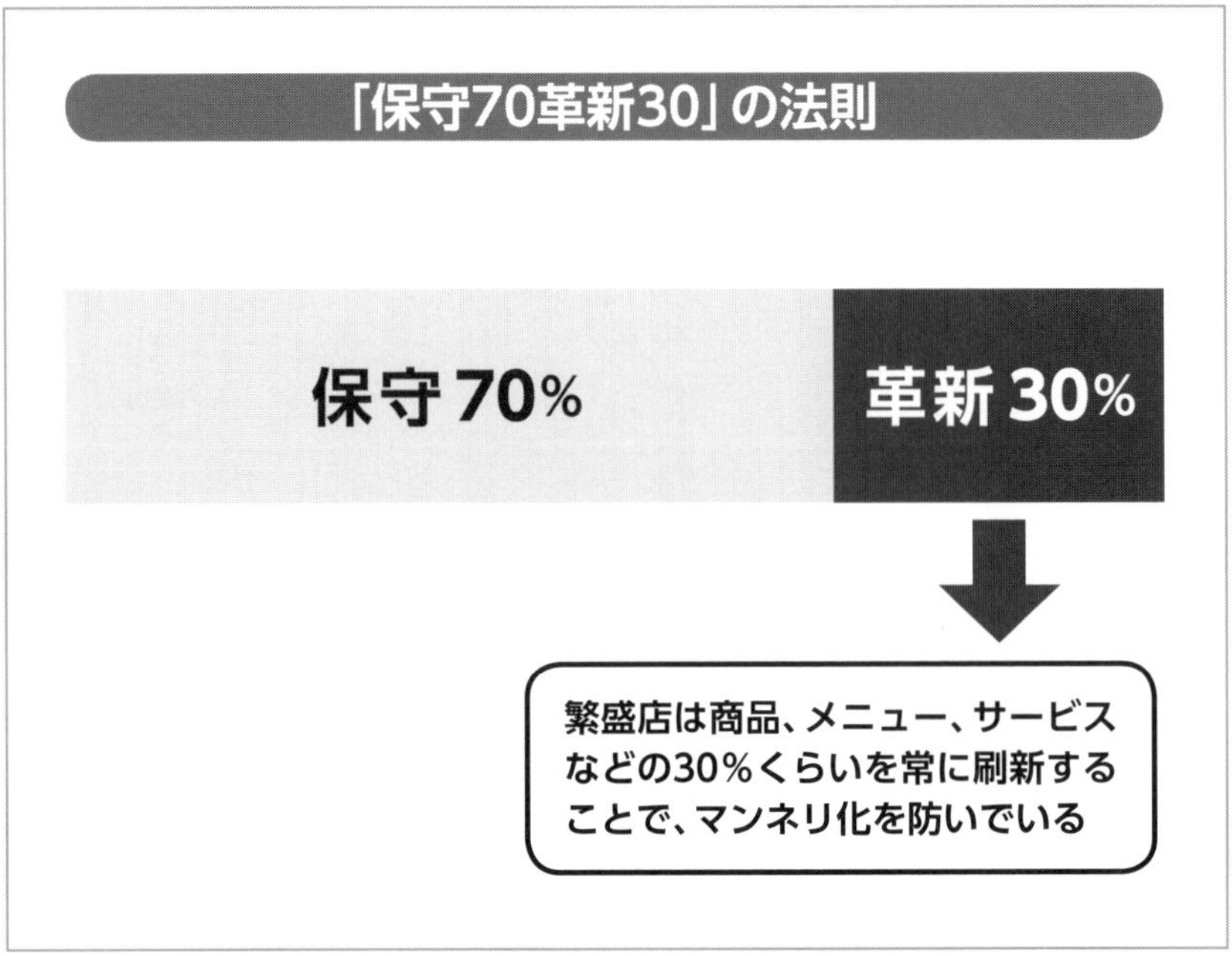
「保守70革新30」の法則
保守70%
革新30%
繁盛店は商品、メニュー、サービスなどの30%くらいを常に刷新することで、マンネリ化を防いでいる

ある。たとえば、繁盛している居酒屋は、毎月少しずつメニューを刷新し、1年で30%くらいのメニューが入れ替わっている。

これは小売業でも同じで、売り場の30%くらいは、常に商品が刷新されていることが繁盛店の条件なのである。

ただし、肝心なことは、変えればいいというものではないということだ。当然のことだが、今買っているお客様のニーズを汲み取った上での「革新30」でないと、何の意味もないのである。

常に現場の最前線のスタッフの意見を吸い上げる仕組みや、それをすぐ行動に移せるような環境を整えることが最も大切なことだ。

2 リピート客づくりは「価値創造」だ！

価値に対してシビアなリピート客

リピート客づくりの一番の基本は、「価値創造（バリューマーケティング）」である。

価値創造とは、「価格」に対して「価値」を高く感じさせるということである。つまり、「価値／価格」の割合を高めれば、購買時や使用時に、お客様に大きな満足感を与えることができるのだ。

たとえば、価格が1万円でも、お客様に1万3000円の価値があると感じてもらえるように、「価値」を〝最大化〟させて売ることがポイントだ。逆に、価格1万円の商品に対し、8000円の価値しか感じなければ、当然、お客様は損をした気分になり、購入してくれないのである。

特に、購買行動を繰り返す商品ほど、価値に対するお客様の目はシビアになる。

たとえば、20代の新入社員がスーツを買うときは、ブランドや見た目を優先して買うが、何回もスーツの購買経験を繰り返した40代のビジネスマンは見た目、ブランドもさることながら、縫製や素材、耐久性などさまざまな価値要素をチェックするようになり、よりシビアな買い方をしていく。つまり、リピート客を集めるためには、「価値訴求」が必要不可欠となってくるのだ。

価値は演出していくもの

チラシやDM、CM、売り場、ホームページなどあらゆる媒体を使って価値を伝えようとしても、うまく伝わっていないケースは少なくない。バリューマーケティングとは、いかにして顧客のニーズに対して商品価値を伝えられるかが重要である。

当たり前の話のように思うかもしれないが、どんな商品でも価値がある。しかし、果たしてあなたのチラシやＤＭは、その「商品価値」を１００％伝え切っているといえるだろうか？

　価格は、数字という誰の目で見ても明らかなものであわすことができるが、価値は数値化できるものではない。価値はあくまでも主観で判断するものであり、個人によって感じ方が変わるものである。価格が１万円の商品の価値が１万円分あるのかどうかは、厳密には誰にもわからないのだ。

　しかし、価値は数値化できない分、売り手の仕掛け方次第によって価値が高く感じるようにも、低く感じるようにもなる。価値は「演出」することにより、０にも１００にもなり得るということである。

☞お客様のニーズに合わせた価値演出をしよう

たとえば、あなたがビールを販売するとしたら、どのような演出を考えるだろうか？

　ビールは通常、同アイテム（たとえばキリン一番絞り、アサヒスーパードライなど）であれば中身は同じなので、どこで買っても味（価値）は同じという先入観があるかもしれない。しかし、売り方、つまり店頭での訴求方法によって、価値の感じ方が大きく変化することに気づかなければならない。

　ある酒屋では、こんな売り方をして売上を伸ばしている。

「当店のビールは、いつも６℃で冷やしており、お客様においしいビールをいつでもすぐにお持ち帰りいただけます」

「缶ビールでもこのビアでグラス、このように注げば、あら不思議！　ご家庭で生ビールが味わえます」

というように、演出方法によって価値の感じ方はまったく変わってくるのだ。

　再来店、再購買を促進したいのであれば、販売する商品・サービスの価値を最大化すること、さらに、お客様のニーズに合わせて新しい商品の価値創造することが不可欠なのだ。

3 「こだわり」を伝えて価値訴求する

こだわりチラシで価値訴求しよう

「匠《たくみ》」の国である日本では、伝統の技術やモノづくりなどを大事する思い、すなわち、商品価値に対するこだわりは非常に強い。現に、日本人ほどモノにうるさくこだわる消費者はいないと言われている。

そのため、このモノへの「こだわり」を示すことで、自社の商品価値を十分に伝えることができる。

こだわりを伝えるためには、「価値ポイント」をできるだけ具体的に訴求することが大事だ。価値ポイントを効果的に伝えるために意識すべきなのが、

- なぜ、この商品をつくったのか？
- なぜ、この素材にこだわるのか？
- なぜ、この商品を選ぶと得なのか？
- なぜ、この商売をやっているのか？

という点である。

具体的には、「職人」のこだわりや「生産者」の声といった「つくり手のパーソナリティー」を演出することで、お客様の心を捉える方法がある。

以下、演出アイデアをいくつか紹介する。

①顔写真を載せる

工場長や現場のスタッフの顔写真を掲載することで、リアリティーを演出しよう。

たとえば、モノをつくっている職人には頑固なイメージがある。そのような人の顔が出てくるだけでその店のこだわりを伝えることができる。

②名前や年齢を載せる

顔写真には実名を入れて、さらにリアル感を演出する。

年齢も、「この道何十年」といった経験の深さをアピールできるポイントだ（若い人より年配の人のほうが効果大）。

③実際の製造現場の様子を載せる

写真などでビジュアルに打ち出すのも、こだわりを訴求する効果的な方法だ。

特に、製造工程のどの点にこだわっているかをコメントに載せよう。

④手づくりの様子を伝える

手づくり感を訴えることにより、より価値の重みが伝わる。

たとえば、商品の最後の仕上げ時の微妙なさじ加減など、手間がかかっているということを強調することは、十分な価値訴求となるだろう。

⑤価値基準を明確にする

お客様にとって、商品価値とはわかりにくいものであるという前提に立つことが重要だ。その上で、他の商品との違いを知りたいというお客様の欲求に応えていかなければならない。

そのためには「わかりやすく価値を比較できているか？」が大きなポイントとなる。

たとえば、価値を「数字」や「グラフ」などで表わせば、価値の違いを一目で理解でき、お客様の商品選択の手助けとなる。

また、価値項目をいくつかに分け、「星印」で評価するという方法も有効である。

たとえば、ノートパソコンを購入するときに、耐久性、重量、快適さ、メモリーなどの項目を、「星3つ」でメーカー別に表示してあれば、各々のメーカーのこだわりが一瞬でわかるだろう。

4 素材や構造の「メリット」で演出する

☜メリットを具体的に表現するように心がける

どんな商品でも、当然ながら「素材」が存在する。

しかし、実際は、多くの商品が素材を明らかにせず売られている。あるいは、素材を明記しているが、そのメリットを具体的に示していないケースもある。

たとえば、以下のようなケースはしばしば見かける。

「このタンスは、国内の桐をふんだんに使った〝純桐製〟なのでお値打ちです」

これでは「桐」という素材は理解できるが、「桐でできているからどんなメリットがあるか？」ということはわからない。

お客様が知りたいのは、素材の具体的なメリットである。商品の価値は、そのことをしっかり訴えることではじめて、伝えることができるのだ。

したがって、この場合は、

「桐でできているから、衣類に虫がつかず、防虫剤もほとんど必要ありません」

「桐は水を吸いやすいので、あなたの大事な洋服を湿気から守り、長持ちさせます」

などの具体的なメリットがチラシに表現されていれば、お客様はより納得して購入してくれる。

☜構造を明示することも価値訴求につながる

商品の「構造」を明らかにすることも、バリューマーケティングでは欠かせない。目に見えない部分を明らかにしてビジュアルに見せることで、お客様の購買の納得性を高めるのだ。

商品の構造は、お客様からは通常見えない。見えない部分には少なからず不安感や不信感がつきまとうため、販売にまで至らないケースが出てくる。

そのような商品は売りにくく、仮に売れたとしても、クレームの原因になりやすい。

商品構造の明示は、「顧客満足」や「トラブルを未然に防ぐ」ことにもつながるのだ。

また、見えない部分を明らかにすることで、自社に対する信頼感も生まれる。細部までのこだわりが自信となって、売り場や営業面に表われてくるのだ。

あるパン屋のＰＯＰでは、一番商品の「カレーパン」を、

「当店のカレーパンは、カレールーがぎっしり詰まっています。
かじった瞬間、ルーが飛び散るほどのボリューム！
こぼさないように、気をつけてお召し上がりください」

というキャッチコピーとともに、カレーパンの「断面図」を見せている。

これを見たお客様は、おいしいカレーパンをほおばっているイメージや、満足している自分自身を瞬間的に想像してしまうはずだ。

このように、中身を伝えることは情報提供でもあるので、お客様はよりおいしく感じてくれる。すると満足感も高まり、リピート化につながるのだ。

お客様の納得と信頼を得るためには、さまざまな工夫と注意をしなくてはならない。これは、たとえ1個１００円のパンであっても、同様に大切なことだと理解してほしい。

5 「ストーリー」で演出する

ストーリーはお客様の心を動かす

商品に対する思いやこだわりをお客様に伝える方法としては、事実や過去の経緯にそった「ストーリー」で訴求するのも効果的だ。

ある中小下着メーカーは、従来、量販店や専門的に商品を卸してきた。しかし、輸入品などの影響で売上が上がらず、収益は悪化の一途をたどっていた。さらにデフレ不況により、粗利益が大幅にダウンするという深刻な状況だった。

そこで、自社商品をユーザーに直販、つまり、通販で自社の商品のよさをお客様に直接訴えていくことを決心した。その際に有効だったのが、「ストーリー」で伝えるという方法だった。以下が、DMの出だしの部分である。

「大阪の中心部から約40分、そこから、またバスで15分。そこに立つ小さな町工場で、私たちはインナーをつくっています。今では懐かしい、カタカタとミシンの音が響き渡る小さな工場。1981年に縫製工場をスタートして以来、衣料雑貨から家庭小物など、日本人の生活に欠かせない、さまざまなものをつくってきた会社です。

正直、私たちは儲けようとは思っていません。つくり続けたいだけなのです。機械化や輸入品が増える中、私たちは、人間の肌に直接触れる『インナー』がいかに大切かということをお伝えするため、一品一品ていねいにまごころを込めて愚直につくり続けているのです」

この例では、小さなメーカーという、一見弱点と思われることを強みに変えて打ち出している。商品の手づくり感や、社員の本音を語りながら訴えることで、お客様の心を捉えたよい例だと言えるだろう。

☞お客様はリアルな情報をほしがっている

さらに小売業におけるバリューマーケティングでは、仕入れの「背景」を明らかにすることも有効だ。

お客様が店頭で買う商品には、どこから仕入れているかわからないものもたくさんある。最近では、店頭に産地表示や生産者の名前を表示しているケースもあるが、ただそれを明らかにするだけでは、お客様は判断できない。

むしろ大事なことは、「なぜ、この商品を仕入れているのか?」、「なぜ、この商品を売っているのか?」という仕入れの「背景」を明らかにすることである。

これからの時代のキーワードは「情報開示」だ。しかし、単に仕入れ先を表示するだけでは何も伝わらない。お客様はより「リアル」な背景を必要としているのである。

お客様にリアルな背景を伝える方法として、クレームを利用するというのがある。クレームは通常、会社にとってマイナスのことと思いがちだが、仕入れの背景を伝えるストーリーにうまく活用すれば、逆の効果をもたらすこともある。以下は、ある食品スーパーのチラシに掲載されたストーリーである。

「先日、あるお客様から〝当店の牛肉ロースは固い〟との指摘を受けました。すぐに調査したところ、決して賞味期限、消費期限には問題はなく、味にも問題がないことがわかりました。

しかし、そのような貴重なご意見により、再度、スタッフ教育を行ない、新しい仕入れ先を開拓しました。全国を駆け回った結果、今回は柔らかくジューシーで、良質な牛肉を神戸の信頼できる業者から仕入れることができたのです。

お客様への感謝の気持ちを込め、この牛肉ロースを超目玉品とします!　先着100名様限定となりますので、早くご賞味ください」

このようにストーリーで訴えることで、一人ひとりのお客様を大切にする姿勢や商品へのこだわり、目玉品の価値の高さが伝わり、売上アップにつながっていくのだ。

6 「購買動機」をズバリ訴求する

☜ 購買動機は分類できる

商品の価値を伝えるのに、きわめて効果的な方法が「購買動機」訴求だ。

人はモノを買うとき、必ず動機づけをしている。たとえば、女子高生が「かわいい！」と言って、クマのぬいぐるみを買った場合、「かわいい」と感じたことが購買動機である。たとえ10円、20円の商品でも、必ず購買動機が存在する。

購買動機は人によって異なるが、異なると言っても「十人十色」なわけではない。購買動機は、ある程度のカテゴリーに分けることができるのだ。

☜ 購買動機と購買理由は違う

88ページのチラシ例を見ていただきたい。このチラシはある衣料品店のチラシだが、くつ下だけを扱った「単品チラシ」である。

一足300円前後のくつ下だが、実はさまざまな購買動機が存在する。たとえば、夏、汗をかきやすいという人は、「綿100％」とか「シルクのくつ下」をほしがる。また、肌が乾燥しがちな人は「タオル地やわらかくつ下」をほしがる。女性で小さい足の方は「SSサイズ」をほしがる。お年寄りで腰痛に悩む人、女性で便秘に悩む人は「健康くつ下」をほしがる。サラリーマンは「水虫対策くつ下」をほしがる……。

このように、300円前後のくつ下でも、さまざまな購買動機が存在する。

しかし、よく見るくつ下のチラシは「3足980円！」というようなディスカウント型がほとんどなのである。確かにくつ下を買うとき、「破れたので買う」という消極的理由による場合が多い。だから、売

衣料品店の「単品」チラシ

さまざまな購買動機を具体化している

購買動機をズバリ訴求して
お客様の潜在的欲求を喚起する

お客様の購買動機を分析する

〔例〕衣料品店のくつ下の購買動機分析

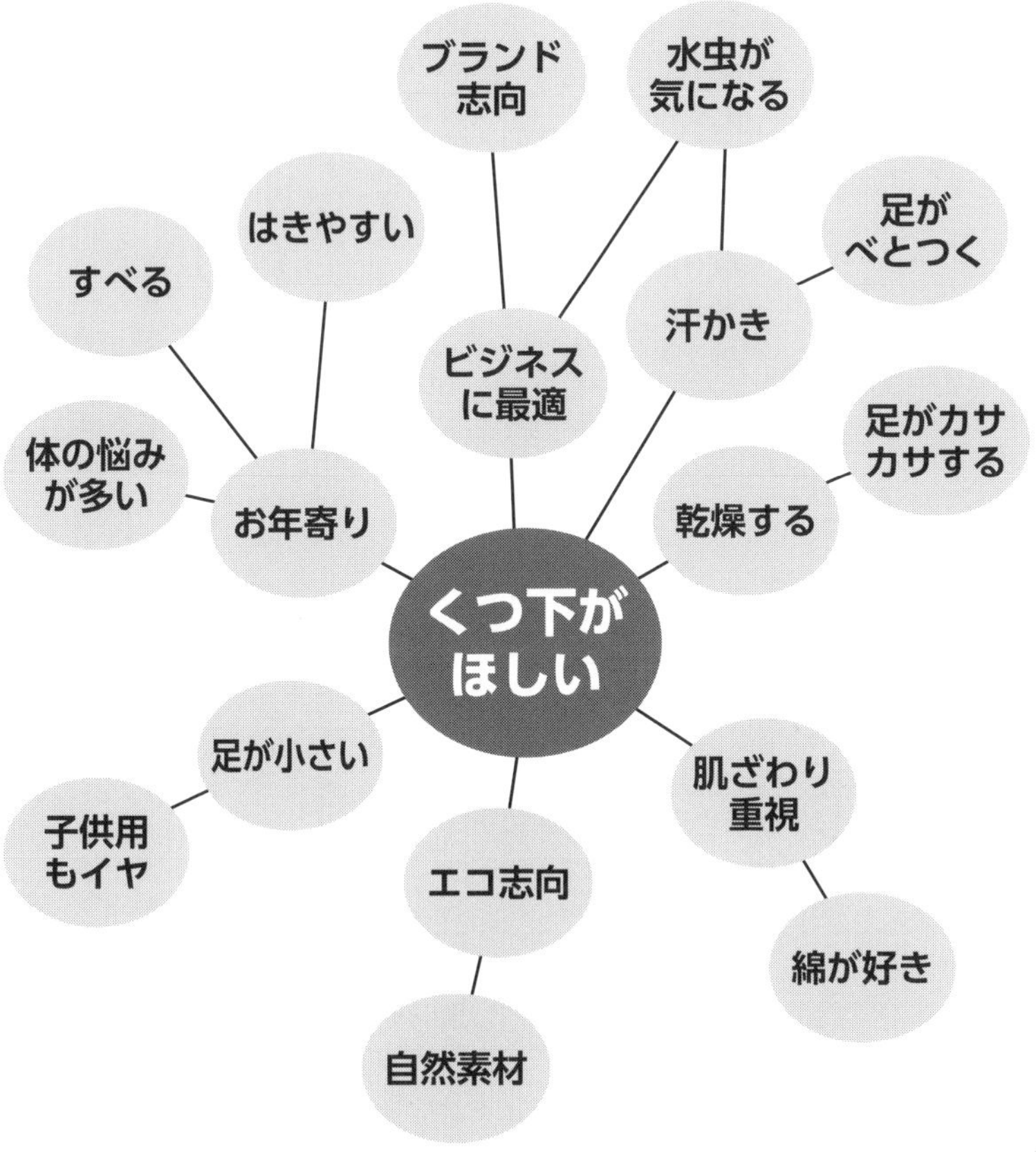

① “ニーズ”ではなく“ウォンツ”に対応する
② 商品別にお客様の潜在的欲求を分析する
③ 潜在的欲求に対して商品を訴求する

り手もとにかく安ければ買ってくれると考えがちである。

しかし、「破れた」というのは購買動機とは言わない。それは、「購買理由」である。購買理由とは、一般的に顕在化されたものであり、購買動機に結びつきやすい。しかし、これはあくまでも購買のための前提条件である。その前提条件の下に眠っている潜在的欲求を喚起していくのが購買動機なのである。

これを、「ウォンツ」の喚起と呼ぶ。「こんな靴下があればつい買ってしまうだろう」という、お客様の眠っている購買動機を具体化できれば、購入してもらえるのだ。

☞購買動機はリピート客化に必要不可欠

購買動機を喚起するためには、価値訴求を購買動機ごとに明確にすることが必要だ。くつ下でさえ、分解していくとさまざまな動機が客層ごとに存在する。

購買動機を具体化して訴求し、それがピンポイントで当たれば、価格で競争しなくても、モノが売れるようになる。

また、何よりもお客様が喜んでくれるようになる。「あっ！　こんなのがほしかったのよ！」と、少々価格が高くても買ってくれる。客単価、利益率、顧客満足度も上がり、さらにリピート率も上がっていいことづくめだ。

逆に、単に価格だけで売ろうとすると、競争は激しくなり、ディスカウントせざるを得なくなる。当然、利益も薄い。お客様の満足度も一時的には高まるが、次からはさらに安く売らないとリピートしてくれないという悪循環に陥るケースも少なくない。

リピート率を上げるためには、購買動機を明確にし、「誰に」「何を」売るかというマーケティングの原点を追求することが必須なのである。

7 「一番商品」をトコトン訴求する

一番商品で自社・自店の強みを打ち出そう

世の中、あらゆる商品が氾濫していて、「どの商品を買っていいかわからない！」というのが、お客様の本音ではないだろうか？

商品を選ぶ余地がないときはすぐに購入してしまうが、逆に、選択肢が多すぎると決められない、という経験は誰しもあると思う。

さまざまな情報があればあるほど、お客様は購買選択に迷ってしまう。お客様の「より慎重に選ばなくてはいけない」という思いが、「買い控え現象」を起こしているとも言える。

お客様の購買意欲を刺激するためには、「何を買えば一番いいか」を明確な理由で訴求する必要がある。これを「一番商品訴求」と言う。

一番商品とは単なるおすすめ品ではなく、自社・自店における「自信の一品」である。販促で一番商品をアピールするためには、この自信を裏づける「理由」が重要だ。

一番商品である理由は、できるだけ具体的に訴求することがポイントである。

ある衣料品店では、次のような具体的なキャッチコピーで「一番商品ポイント」を見事に伝えている。

「知らなきゃ損する超おすすめ情報！　日本で一番売れているショーツメーカーから、新製品登場です。

上品な光沢があり、色彩が微妙に変化します。レーヨン混がとてもしなやかで、深いワインカラーは、着る人の肌をきれいに見せてくれます」

リアルさで訴求して説得力を高める

最も説得力があるのは「自分が使ってみた！」ということ。実際の使用感やおすすめの理由をチラシやP

衣料品店の「一番商品」チラシ

仕入れ担当者のリアルな声は説得力がある

一番商品の訴求は実際の使用感で伝えよう

ＯＰに真実味をもって、具体的に書けば、訴求効果は抜群である。

以下に、「一番商品チラシ」の実践手法のポイントをあげる。

①社長のおすすめ品

会社のトップ自らが「イチオシ商品」と言うだけで、かなりの説得力がある。

さらに、実際の使用感を付け加えれば、文句なく自信の一品だということが伝わる。

②店長のおすすめ品

店長の

「先月飲んだお酒の中で、一番のおすすめ品は○○です。このピリッとくる辛さとほどよい甘さの絶妙なバランスがたまりません。マグロの刺身と合わせると格別です。ぜひご賞味を！」

といった自分の経験を打ち出した訴求で、価値は十分に伝わる。

③仕入れ担当者（バイヤー）のおすすめ品

仕入れのプロであるバイヤーの声は説得力がある。

「ウチの女房も、このかぼちゃはおいしいと言ってくれました。この一言はバイヤー冥利につきます。ぜひ、お客様もご賞味ください」

などと、実際の話と組み合わせれば、効果は絶大である。

前ページのチラシ例では、早朝5時から高速を飛ばして仕入れに出向き、お客様のために必死でお値打ち商品を仕入れている様子がリアルにうかがえる。

8 リピート客の心をくすぐる「お客様の声」

☞販促は「さりげなさ」が重要

「他の人の意見を聞いてみたい！」という思いは、どのお客様も同じである。

売り手は、とかく自画自讃の姿勢になりがちであり、「当店のモノは最高です！」というセールストークで迫ってしまう。もちろん、それくらいの気迫がないと、この厳しい時代にモノは売れないのだが、一歩間違えるとお客様は「しつこい」と感じてしまうため、逆効果となる。

お客様の心をつかむためには、さりげない演出が必要だ。たとえて言うなら、「白鳥」。白鳥は、優雅に水面にたたずんでいるが、水面下では必死に足を掻いていると言われている。

販促もこれに似ていて、表面的には売りたい気持ちをお客様に悟られてはならない。一所懸命さは大事だが、何度も言うように、「売りの匂い」がするとモノは売れなくなることを理解しておく必要がある。

☞「お客様の声」の客観性は信頼につながる

集客から販売へとスムーズにつなげ、かつお客様にリピートしてもらうのに有効なツールが、「お客様の声」だ。

「セールスマンの言うことはわかるのだけど、客観的に判断したい」というお客様の欲求に応えるためには、第三者である「お客様の声」は絶対不可欠と言える。

これにはいくつかの方法がある。

そのひとつが、「記事広告」という手法。ある雑誌社、もしくは広告代理店の営業スタッフが、その商品やお店を取材し、内容を記事風にして紹介するというやり方である。

その際のレポーターは、購買客層により近い人を選ぶことがポイントだ。たとえば、ＯＬをターゲットにしている商品なら、20代後半～30代前半の人をレポーターにするのがコツである。

また、家庭内で購買決定権を持つのは女性である場合が多いので、やはり「女性」の話には説得力がある。女性の場合、実際に使用したり食べたりした感想を率直に書いてくれる。

この場合、「主婦モニター」を募集し、意見を書いてもらう形式などもある。

「生の声」を効果的に使おう

さらにうまく演出する方法としてあげられるのが、「インタビュー形式」である。

自分で自分のことを褒めては自画自賛になってしまうので、インタビュー形式での自社ＰＲ方法は有効なのである。

実際、お客様に自分からしゃべってもらうより、質問に答えてもらうほうが実感の込もった答えが返ってくるのでリアル感が出てくる。

お客様の「生の声」を収集し、それを販促に活かすことは、リピート客づくりにおいて欠かせないワザである。

インタビュー形式には２つの方法がある。

①会話形式にする

「お客様の声」の収集に似ているが、意図的にお客様にインタビューをして、「生」のお客様の声を拾っていくという方法。

たとえば、住宅業関連であれば、自社のＯＢのお客様にインタビューをする。「住み心地」「設備の使い勝手のよさ」「その他感想」などを聞き、会話形式でチラシなどにまとめていく。

②対談形式にする

インタビュアー（多少お金がかかるが、できれば有名人がよい）を使って、自社の商品やサービスについてお客様にインタビューしてもらう形式。

「商品開発のポイント」「商品づくりの苦労」「会社の創業時の話」「事業への情熱」などを質問してもらい、お客様がそれに答えるといった「対談形式」にしてまとめていく。

9 「感情表現」で価値訴求する

想像力が購買行動の原動力

お客様は、商品やサービスを使用するときの瞬間をイメージしながら購入する、ということはすでに説明してきた。

逆に言えば、イメージした回数により、その商品に対する購買意欲が増してくるということだ。

その商品を購入して幸せを感じている瞬間を何度も想像すれば、やがて、どうしてもその商品を手に入れたくなる。繰り返し想像することが、人を購買行動へと駆り立てていくのだ。これが購買心理のメカニズムである。

今日に至るまで、人間の「想像力」はさまざまなモノをつくり出してきた。電気のない時代でも、人は灯りのある生活を想像して電球をつくり、まだ固定電話しかなかった十数年前、移動時に電話ができたら便利だと想像し、携帯電話が開発された。

想像力は人間の欲求ともおおいに関係がある。ほしいと繰り返し願う気持ちが、モノやサービスを手に入れるエネルギーへと変化していくのである。

感情に訴えて、リピート客の購買意欲を高める

しかし、不況下では、お客様はなるべく想像しないようにしようという思考が無意識に働く。また、想像したとしても、我慢して倹約する。

それは、「防衛本能」が働くからだ。売り手は、この防衛本能に打ち破るための手法を講じなければ、モノを売ることができない。

そのための効果的な手法が「感情表現」を活用することである。感情表現というのは、いわゆる「喜怒哀楽」を指す。

次ページのチラシ例では、お客様の防衛本能を打ち

酒造店の「感情表現」チラシ

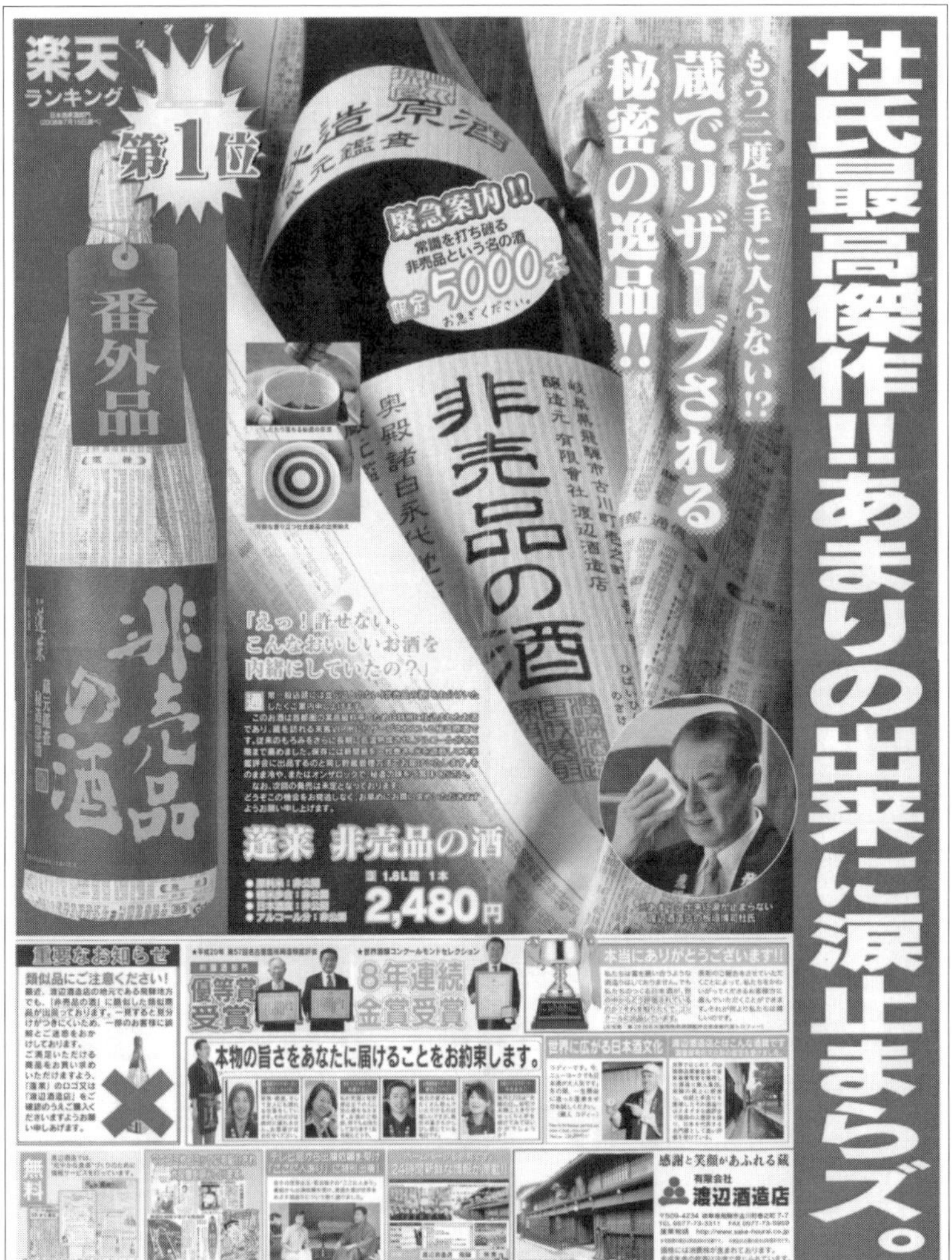

たった一言の感情表現が
お客様の消費意欲をくすぐる

破るための感情表現が巧みに仕掛けられている。

まず、メインタイトルのキャッチコピーに注目していただきたい。

「杜氏最高傑作!!　あまりの出来に涙止まらズ。」

チラシのこのキャッチコピーでは、感情表現に訴える「涙止まらズ」というフレーズがポイントとなる。

一般的に悲しみの表現として使う涙を喜びの表現として使ったことが、実に巧妙である。

涙が出るほどの出来栄えということは、さぞすばらしい、つまり価値が高い商品なのだろうと、読み手は想像することができる。「涙」というたったひとつのフレーズだけで、お客様の消費意欲がかき立てられていくのだ。

☜ビジュアルも感情を動かす

さらに、お客様に具体的に想像してもらうためには、「ビジュアル」で訴えることも重要なポイントだ。

この事例では、わざわざ杜氏が涙を流してハンカチで目を押さえる写真を入れている。ここまでやると、お客様の脳裏に「飲んでみたい酒」というイメージを焼きつけることができる。

確かに、やりすぎではないか？　または、ちょっとおおげさな演技ではないか？　と訝しく思う人もいるかもしれない。

だが、チラシなどでは多少やりすぎるくらいの表現的のほうが、お客様にインパクトを与え、伝えることができるものだ。

要は、全ての人にまんべんなく訴えることを目指すのではなく、狙った客層の人にしっかりヒットすれば、モノは売れるのだ。

感情に訴えて表現することで商品価値を自店のお客様にしっかり伝え、購買欲求をかき立てていくことは、不況期では必要不可欠の戦略なのである。

10 価値を最大化すれば リピート客は必ず増える

リピート化につながる商品の褒めちぎり方

商品価値は人によって感じ方が違う。その伝え方によっては、0に感じる人もいれば100に感じる人もいる。要は、訴求方法ひとつで価値の感じ方は大きく変わってくるのだ。当然、販促以外においても、価値をできるだけ大きく見せて売る意識が必要となる。

たとえば、現場社員の「最後の一言」が実に効果的だ。売り手からの一言は、価値を最大限に見せる方法と言っても過言ではない。

たとえば、クルマのトップセールスマンは、接客時にそのクルマを褒めちぎる。性能、デザイン、希少性、使いやすさなど、あらゆる面から褒めちぎるのだ。

そうすると、そのクルマを選んだお客様自身を褒めちぎっているように聞こえてくる。その結果、聞いているお客様はとても気持ちがよくなり、そのクルマを選んだことに対する納得感を得るようになるのだ。

ただし、褒めちぎるタイミングは、お客様の「購入決定後」に行なうのが重要なポイントだ。なぜかと言うと、購入決定前だと、「売りの匂い」のするセールストークのように聞こえて、お客様が気分を害することもあるからだ。したがって、この例の場合だと、最後の納車時に褒めちぎるのが効果的である。

たとえば、社員が運転して納車した場合、すかさず、「このクルマ、走りが最高です。とてもスムーズでまるで電気自動車みたいです！　それとこのシート、母親に抱かれているみたいに、ゆったりしていてとても落ち着きます」などと、自分自身の体験や感想を交えるのだ。場合によっては友人の話などでもよいが、とにかく、リアルに表現することで、その商品の価値を最大限にアピールすることができる。

すると、お客様は実際に商品を使用したとき、価値の高さをよりリアルに感じることができる。そして、またその店で購入したいという欲求、つまりリピート購入につながるのだ。

納得や信頼がリピート客獲得のカギ

競争に打ち勝つためには価格競争は重要だが、できれば安売りせず、「価値の最大化」をして売りたい。

あるペットショップでは、動物をペットとしてではなく、「家族の一員」として販売するというコンセプトを打ち出している。

たとえば、2000円のセキセイインコを販売するとき、売り手はお客様が選んだインコに対して、飼い方やエサなど必要最小限のことだけを伝えて事務的に販売したのでは、単なるペット販売でしかない。

家族の一員として販売するコンセプトを意識したこの店では、次のようなセールストークをしている。

「このインコ君のお誕生日は5月8日です。だから、必ずお誕生日のお祝いをしてくださいね。

それから、この子にはまだ名前がついていません。だから、家に帰って名前が決まったら、この『命名』の御札に名前を書いて、家族みんなで『命名式』をしてあげてください」

いかがだろうか？　たった一言付け加えるだけで、お客様のインコに対する愛情はさらに大きく膨らむはずだ。2000円のセキセイインコが、自分の子供のように思えるほど、価値が最大化されるのである。

命名の御札というアイデアひとつで
商品価値が最大化される

4章

固定客の心はこうしてつかめ！

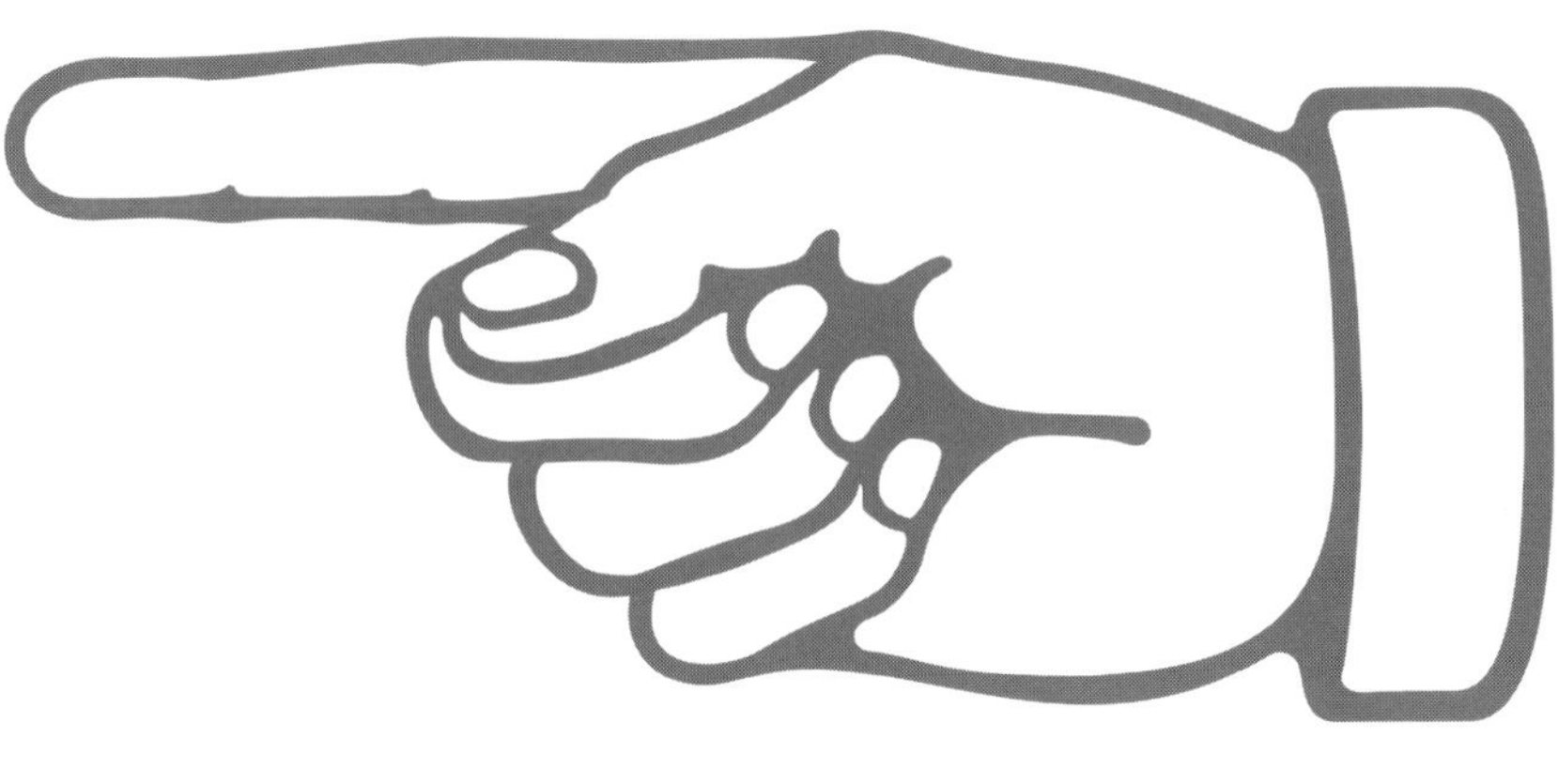

1 固定客づくりのポイントは「絞り込み」

リピート客を固定客にランクアップしよう

ビジネスで最も重要なのは、顧客の固定化である。一度購入したお客様が、繰り返しリピート購入してくれることが、利益を最大化させるコツだからだ。

固定化された客、つまり「固定客」は、一般で言うところのリピート客である。ただ、ここでいう固定客とは単なるリピート客ではなく、リピート客がさらに購入し続ける状態を指す。つまり、「ヘビーユーザー」である。

リピート客は、初回購入より数回ほど購入したに過ぎないが、固定客とは数十回以上購入、または数年間にわたってリピート購買しているお客様を指す。つまり、リピート購買が続けば、リピート客から固定客へとランクアップしていくということである。

限定して訴求することで購買率を高める

リピート客から固定客へのランクアップの基本は、「絞り込み」である。「セグメンテーション」とも呼ぶ。

これからのマーケティングは、「全ての客層を集客しよう」としてもうまくいかない。「ある特定のカテゴリーの客層に絞って特定の商品を売る」ということが成功の秘訣である。

リピート客をつくるには商品の絞り込みが要求されるが、固定化するには、さらにターゲットを「カテゴリー」に絞り込んで訴求することが重要ということだ。

多くのモノが世の中に溢れている現在、お客様がリピートしない大きな理由として「わざわざ買う必然性がない」ということがあげられる。しかし、逆に言えば、お客様に「買う必然性がある」と感じさせることができれば、購買行動につながるということである。

固定客化のポイントは限定訴求

ポイントは、「誰に」「何を」売るかを鮮明にすることだ。特に、「誰に」が重要で、リピート客から固定客化させるためには、明確に「あなたが」買う必然性が伝わらないと、お客様は反応しない。ここで大事なことは、「今回は、あなたにだけ、この商品を買ってほしい」というメッセージを伝えることである。

これを「限定訴求」という。あるカテゴリーのお客様に狙った販促をしていくことで、「これは自分にとって必要な商品である」と認知させる。お客様の隠れた購買欲求を喚起するのである。

たとえば、マンション販売のチラシで典型的なのが、「駅から3分！　新築マンション3LDK2980万円！」という打ち出し方である。これではターゲットが絞り込めておらず、お客様の心には響かない。しかし、次のようにお客様を限定した表現で訴求すれば、集客につながるはずだ。

「家賃5万円以上の、〝もうこれ以上、家賃をドブに捨てたくない！〟と思っている方へ」

この場合は、家賃について悩みを抱えているお客様に絞り込んだわけである。このようにお客様に限定的に訴求すればするほど心に響き、購買行動へと移りやすくなる。

お客様を属性別に絞り込む

具体的な絞り込み方としては、いわゆる「属性」によって行なうことがベストである。お客様をさまざまな切り口で属性別にカテゴライズしていくことが重要だ。

属性の切り口の例としては、「性別」「年齢」「氏名」「住所」「身体的特徴」「誕生日」「職業」「役割」「購入商品」「購入回数」「購入金額」「購入日」などがあげられる。

これらの切り口をベースに、業種ごとに独自の切り口を付け加えていけばよい。

次の項目から、各属性別に効果的な販促方法を紹介していこう。

2 「性別」「年齢」で絞り込む

このことを、心理学では「自己イメージ」と言う。自分は何者なのか、あるいは、自分はどんな性格や特徴があるのかなど、自分自身を規定していることである。

「私は男である」「私は40歳である」「私は東京出身である」「私は大阪在住である」などは、誰もが持っている属性である。

特に、販促では誰もが持っている共通認識に訴えかけると成功しやすい。

たとえば「性別」。物心がつけば、誰しも自分は男か女かという認識をする。さらに年齢が進めば、女は女らしく、男は男らしくと考えるようになってくるものである。

また「年齢」もそうだ。自分の年齢を忘れる人はいない。普通、人から年齢を聞かれたら、考えなくても即答できる。

このように、お客様の自己イメージを効果的に使うのだ。

☞お客様の共通認識に訴求しよう

ターゲット（客層）を絞り込むにはさまざまな方法があるが、大事なことはお客様自身がその認識があるかどうか、である。

たとえば、「疲れているお子様へ！」などと訴求をしたところで、ほとんどレスポンスがないだろう。子供には疲れているという認識がほとんどないし、また多くの親にもないからだ。

逆に、「元気なおばあちゃんへ！」へと言うと、元気なおばあちゃんはもちろん、普通のおばあちゃんも反応する。「そうありたい」という願う気持ちが、認識と連動するからだ。

属性別のキャンペーンで販促を仕掛ける

この客層別の販促について、まずはわかりやすいケースからご説明しよう。

そのひとつが「キャンペーン」で訴求するパターンだ。

◆レディースキャンペーン

多くの業界で、女性だけに絞った販促を仕掛けて成果を上げている。

たとえば、映画のレディースＤＡＹ。よく見かけるのは、毎週水曜日に、女性だけに限って割引価格が適用されるといったものである。

最近では、レストランやパチンコ店などでもこのような仕掛けは多く見られる。

なぜ、女性を対象としたこのようなキャンペーンが多いのか？

それは、女性を呼ぶとメリットが大きいからである。映画にしても、女性はフードやパンフレットを購入する。男性は、映画を観ても観賞するだけで帰ってしまう人が多い。

さらに言えば、女性客が増えると女性客も男性客も増えるが、男性客が増える店は女性客が来なくなってしまう傾向がある。

想像してほしい。男性客のテーブルばかりのレストランは女性が入店しやすいと言えるだろうか？　もうもうとタバコの煙が上がった男性客ばかりのパチンコ店は？

たとえば、理容店のように男性客のみで成り立つ商売以外は、やはり女性客を積極的に取り込む工夫を行なっていかなくてはならない。

◆シニアキャンペーン

「高齢者にやさしい」というイメージは重要だ。

今後、さらなる高齢化社会になるのだから、当然、高齢者が来店しやすくする仕掛けも必要というわけである。

映画館でも「夫婦50割引」（ＴＯＨＯシネマ）として、「ご夫婦のうち、おひとりが50歳を越える方はおふたりとも割引」という、中年以上をターゲティングした販促を行なっている。

最近は、ＤＶＤおよび薄型テレビの普及で映画離れが起きていると言われているが、昭和世代はいわゆるスクリーン世代なので、この世代の掘り起こしが今後の映画業界の課題とも言える。

◆キッズキャンペーン

子供だけを対象としたキャンペーンもいい。「10歳以下」「小学校低学年以下」など、より具体的に年齢を訴求することによって、集客効果を高めることができる。

すでに3章などでも説明した通り、子供を呼ぶことで、いわゆる「ファミリー客」を集めることができるからだ。

「将を射んとすればまず馬を射よ」という故事の通り、親を呼ぶという最終的な目的のために、まずは子供を集める企画を考えてみるのも、ひとつの有効な販促手段である。

たとえば、お子様とお越しのお客様に「ミスタードーナツプレゼントキャンペーン」と打ち出す。

多くの子供、さらにお母さんはミスタードーナツが大好きだ。誰もが知っていて、誰もが愛するドーナツのプレゼントはキッズキャンペーンの「伝家の宝刀」である。

3 「氏名」で絞り込む

氏名での絞り込みで特別感を打ち出そう

「自分の名前は？」という質問に答えられない人は、まずいない。人は幼い頃から「お名前は？」と数万回単位で自分の名前を聞かれ、名前を呼ばれているはずだからだ。

また、自己紹介では必ず最初に自分の名前を言う。名刺交換でも、必ず「名前」を言いながら渡す。

私達の生活に、「氏名」は切っても切り離すことができない。それほど、人の氏名に対する自己認識は強い。このことを利用して、「氏名」を使った販促手法、集客手法を考えていく。

◆頭文字を使うケース

さらに、応用編として次のような手法もある。たとえば、頭文字を使う方法だ。

「山本かばん店は、今年で創業30周年です。そこで私、社長『山本』の名前にちなんで、お客様のお名前の頭文字に『山』、もしくは『本』とつく方、特別に以下の特典を用意しております。山本さんはもちろん、山下さん、山中さん、本田さんなど、『山』『本』の字が頭文字につく方、ご集合ください」

顧客リストから、氏名で「山」「本」とつく人だけをピックアップしてDMを発送する。その絞られたリスト（「山」もしくは「本」のつくお客様）だけにDMを送付するので、当然、レスポンスも向上する。

このように絞り込みをかけることにより、レスポンスは飛躍的に向上するのである。

◆同姓、同名の顧客にターゲットを絞る

兵庫県に「青木功ゴルフクラブ」というゴルフ場がある。このゴルフ場のDM販促がユニークだ。

通常、DMというのは、1年以内に来店した顧客な

どにターゲットを絞るケースがほとんどだ。しかし、それだけでは顧客の心に響かず、ゴミ箱に直行してしまう。ＤＭは、毎日のように多数届くため、開封すらしないことも多い。よほど心に響く訴求をしないと、固定客化しないのだ。

そこで、このゴルフクラブではさまざまな工夫を施したＤＭを送っている。そのひとつが、「氏名」を利用したＤＭ企画である。たとえば、ゴルファーの「青木功」という名前にちなんだ「青木さん、功さん大集合！」という企画だ。顧客リストから青木という姓や、功という名前をピックアップして、お客様を限定したキャンペーンＤＭを送付するのである。受け取るお客様はこのＤＭを見て、「自分だけのための特別なキャンペーン」と認識するというわけである。

人間には、「自己優越欲求」というものがある。これは、「自分だけが特別扱いされる」、あるいは「数千人の中のひとりだけ」など、周囲と比べて自分だけが際立った存在であることに優越感を感じて、行動を起こしやすくなる。

そのため、特別扱い、それも氏名などに限定されると、パーソナル性とも連動して販促のレスポンスが高まってくるのだ。

◆プロ野球　優勝キャンペーンに学ぶ

プロ野球の優勝チームが決まる秋の頃、よく見かける販促が「〇〇優勝キャンペーン」である。系列の百貨店やスーパーはもちろん、さまざまな店舗で便乗して、この手の販促を仕掛けてくる。

ただ、多いのが単なる優勝キャンペーンであり、心がひかれる販促は少ない。もはや、単なる便乗キャンペーンではお客様は動かなくなっているのである。

そこで、他店と差別化するために、氏名の絞り込みを活用した仕掛けをすると面白い。

「ジャイアンツ優勝おめでとう！　お客様のグループで〝原さん〟〝高橋さん〟〝阿部さん〟〝小笠原さん〟〝坂本さん〟がひとりでもいれば、ビール１杯１００円！」

と、氏名による条件で限定して訴求するのだ。

4 「住所」で絞り込む

お客様の行動を促す「住所訴求」

氏名、誕生日と同様に、ほぼ全ての人が自分の住所を記憶し、自分の住んでいるところ（地域）について意識している。

たとえば、ニュース番組で同じ市内のコンビニ強盗を報道していると、不安を感じてしまう。それは、自分の近くにその強盗がうろついている可能性があり、何となく自分に被害が及ぶのではないかという不安感を持つからである。

住所が近いというだけで、心理的に変化が起きるということは、販促にも活かさない手はない。住所を利用して、効果的に売上につなげる販促方法をいくつか紹介しよう。

DM販促なら狙った地域に販促できる

関西にあるゴルフショップのケース。このゴルフショップは兵庫県と大阪市に4店舗を経営している。ところが、2年前から兵庫県の東にある「川西市」からの集客が低下していた。近隣に競合店が出店したことが原因で、早急にてこ入れをしなければならない状態だった。

お客様を呼び戻し、自店の固定客になってもらうための販促はどんな方法が効果を上げるだろうか？　そのひとつに、狙った地域に集中的にチラシを配布するという方法がある。「川西市のお客様へ」とタイトルを打ち出し、地域限定でセグメントして訴求する方法である。

しかし、広範囲の地域、不特定多数に配布するチラシでは、顧客を固定化するのは難しい。そこで、ＤＭを活用する方法に切り替え、さらに顧客を限定するため、次のような企画を実行した。

「○○ゴルフショップオープン３周年記念！　３周年を記念して、あなたの住所やお名前に〝３〟の文字がつく方だけに限定特典を用意しました。ぜひお越しください！」

このＤＭ販促により、川西市の顧客が反応して、再来店させることに成功させることができたのである。

このように、単なるキャンペーンではなく、セグメントによる工夫や仕掛けでお客様の行動を起こしやすくさせるのだ。

ストレートな表現は避けよう

住所限定販促の具体的なやり方としては、まずはエリア分析をして、集客を上げたい地域を決定することだ。しかし、ＤＭや販促物などには、「○○県在住の方」「○○市在住の方」などのストレートな表現は避けたいところだ。明確な「大義名分」があれば、特定の地域をストレートに打ち出してもいいが、あからさまに地域を特定すると販促意図が「見え見え」になってしまい、企画としての効果が薄れてしまうからだ。

そのため、先ほどの例のような「３周年記念」などのキャンペーンと絡ませることが有効だ。間接的にはその地域を訴求しても、直接的な表現を避けるようにしたほうがベターである。

「住んでいる家」でセグメントする

また、「住んでいる家」に関連したセグメントも有効だ。そのひとつに、「最近引っ越しをしたばかりの方へ」や「居住年数」で絞り込むアイデアがある。新築や転居には必ず、何らかの購買需要が発生するため、仕掛け方次第で新規客の開拓も期待できる。

また、「10年以上住んでいる方へ」として訴求する方法もある。「築10年以上」というひとつの節目で、さまざまな需要が発生しやすいからだ。

たとえば、「住宅リフォーム」。クロスの張り替えや給湯器の故障、子供の成長とともに間取りの変更……など、リフォームチャンスが格段に増えてくる。

このように、ターゲットを絞った販促を繰り返すことで、固定客率を高めることができる。

5 「身体的特徴」で絞り込む

体の特徴を商品別・客層別にカテゴライズしよう

人は誰しも身体的特徴があり、十人十色である。その特徴を、あるカテゴリーで分析、抽出して表現するという方法がある。

人は、自己イメージの中に必ずコンプレックスがある。そのコンプレックスの代表選手が、自分の体に関することだ。ミスユニバースのような美人でさえ、体のどこかにコンプレックスを感じていると言われる。

ということは、人間の意識は体に委ねる部分が多いということであり、そこを販促に応用していくのだ。

身長、体重、足のサイズ、利き腕、髪の毛のくせ、視力など、さまざまな身体的特徴で商品別・客層別に訴求することができる。もちろん、あまりにマイナスイメージの表現は避けるべきである（たとえば、肥満体の人大集合！　など）。

業界に特化した絞り込みをしよう

たとえば、美容院の販促の場合、お客様を固定化するのが販促の最大の課題である。美容院の顧客の多くはリピートし続けるお客様で形成されるからだ。そのために、割引等のさまざまな販促を企てるが、単なる割引ではもはや顧客の心をつかむことができない。そこで、ターゲットの絞り込みを図っていくのである。

幸い、美容院には、「カルテ」という武器がある。このカルテは、顧客の再来店時に使うのが一般的だが、販促にも活用できる。

たとえば、「くせ毛」という身体的特徴のお客様を抽出することが可能だ。くせ毛のお客様には、「ストレートパーマ」のキャンペーンを訴求するのだ。以下のような告知方法ができるだろう。

「くせ毛でお悩みの方！　今だけ！　特別価格でスト

レートパーマのキャンペーン実施中！」

という具合だ。

実際、この方法でDMを出した美容院では、80％以上のレスポンスを出したところもある。

お客様を絞り込んで、ピンポイントに販促を仕掛ければ、レスポンスも飛躍的に向上するのだ。その際に有効なのが、DMなのである。

お客様が喜ぶ販促ということが大事

別のDM例を紹介しよう（113ページ）。

あるゴルフショップのケース。ゴルフショップで仕掛けられる身体的特徴としては、「利き腕」がある。ゴルフクラブは右利き用、左利き用に分かれる。商品の大半は右利きのクラブだが、左利き（レフティーと呼ぶ）のクラブは対象客が少ない分、展示数も少ない。そのため、レフティーにとってみれば、一般のゴルフショップは品揃え的には不満である。

そこで、このゴルフショップは、左利きだけのキャンペーンを開催したのだ。

「左利きの方、お集まりください！　レフティー大バーゲン！　いつもの3倍、新商品をご用意いたしました」

とDMに打ち出したところ、いつもは3％程度しか反応がないのに、このときばかりは50％を越すDMレスポンスがあった。通常レスポンスの20倍近いレスポンスを叩き出したのである。

しかし、一番喜んだのはレフティーのお客様である、ということを見逃してはならない。自分達向けの商品は従来少なく、練習場に行っても右利きの人と向かい合う形になるので煙たがられる。

だから、そんなレフティーにスポットを当てたキャンペーンは、「自分だけのため」の企画だと思い、とてもうれしく感じるのだ。

販促において、顧客に喜んでもらうというのは、一番重要なことではないだろうか？　もう、単なる安売りだけでは、お客様は喜ばない。お客様が本当に心から喜び、さらにレスポンスが飛躍的に上がる販促の実践は、マーケッター冥利につきるというものだ。

「身体的特徴」で訴求したゴルフショップのDM

レフティー（左利き）に絞り込み、通常の20倍近くDMレスポンスが上がった

6 「誕生日」で絞り込む

☞誕生日DMはコンスタントに販促できる方法

「誕生日」は固定客化には、非常に有効なセグメント方法である。

誕生日限定の販促は、売り手にとっても好都合だ。なぜなら、毎月均等に、継続的に告知できる利点があるからだ。つまり、顧客リストをほぼ均等に12分割した数に対し、DMを送ることができる（もちろん、月によって多少のバラつきはあるだろうが）。

そのため、販促コストもほぼ毎月、均等にかけることができるため、予算も立てやすい。さらに、集客もまんべんなく、コンスタントに上げることができるのだ。

当然、誕生日をお祝いしてもらって喜ばないお客様はいないだろうし、また、売り手としては運営しやすい、効率のいい販促手法なのである。

☞誕生日販促には特別感のある仕掛けが必要

ただ、気をつけなければならないのは、誕生日という特別な日なので、単純な割引では「せっかくの誕生日なのに、この程度なのか」と、マイナスの効果となってしまう。

そのため、いかにお客様を楽しませ、飽きさせないようにするかが、誕生日販促のポイントとなる。そのポイントは以下の通りである。

◆ワクワク感をつくる

「バースデーキャンペーン」というからには、そのときにしかない「スペシャル限定品」が必要だ。いつもは置いてない商品、メニューには載っていない……など、「あなただけの特別！」を演出しなければならないからだ。

レストランなら「特別バースデーメニュー」、物販

スピードくじ付き「バースデー」DM

5月生まれのあなたへ
Happy Birthday
どれかが必ず当ります!!
割引券が当る！
☆2割引☆3割引☆5割引☆7割引
お買上商品をクジにて割引き致します。その場で必ず当る！とってもお得なチャンス。このハガキをご持参ください。お誕生月より 3ヶ月間で 4 回お好きな日に使用できます。
1 2 3 4
税引き 501 円以上の商品に摘要されます。

リピート来店させる
工夫も大事

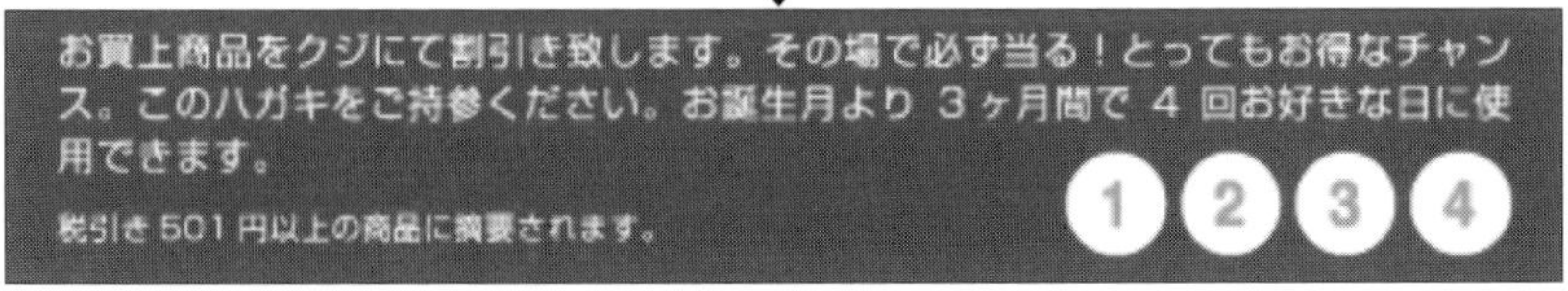
お買上商品をクジにて割引き致します。その場で必ず当る！とってもお得なチャンス。このハガキをご持参ください。お誕生月より 3ヶ月間で 4 回お好きな日に使用できます。
1 2 3 4
税引き 501 円以上の商品に摘要されます。

最低割引率よりひとつ上の
当たりを増やすのがポイント

店なら「掘り出しモノの特別品」など、非日常性を演出することが必要である。

◆ドキドキ感をつくる

「誕生日キャンペーン」でよく見られるのが特典である。しかし、多くのキャンペーンは単なる割引のみのものが多い。

コツとしては〝ドキドキ感〟をつくること。単なる割引ではなく、「スピードくじで当たると、何と半額！」など、ゲーム性を持たせることも大切だ。プロセスもお得感を感じてもらうために大事な要素なのだ。

◆リピート性をつくる

せっかくの誕生日キャンペーンなので、一度だけではあまりにももったいない。二度、三度とリピート購入させる仕掛けにより顧客満足度も高まり、さらに店舗の売上にも貢献することになる。

☞レスポンス70％を超える驚異の誕生日DM

誕生日で絞り込みを行なった販促事例として、レスポンス70％を超えたハガキDMの例を紹介しよう（115ページ）。この「バースデーキャンペーン」のDMを持参した購入客は、その場で当たるスピードくじが引ける。くじには7割引、5割引、3割引、2割引の4種類の当たりくじが入っている。最も多いのは、3割引きである。これはテクニック上、大事なポイントだ。最低割引率ばかりが入っていると、お客様のモチベーションは下がってしまう。

大切なのは、「小さな喜び」をつくることである。子供の頃、駄菓子やくじを引くとき、ハズレを引くほど悲しいものはない。ハズレのひとつ上を引くことで、優越感を充足することができるのである。

さらに、期間を限定するなど、リピート来店させる工夫もポイントだ。この場合、誕生日より3カ月間、最高4回使える条件設定をしている。

これは業種によって購買頻度が違うため、それぞれで設定する必要がある。たとえば、スーパーやドラッグストアであれば、購買頻度が高いので1カ月でいいが、衣料品店だと2～3カ月間は必要だろう。

7 「職業」「役割」で絞り込む

自己イメージは無意識に持っている

ほぼ全ての人が、自分の「職業」や「役割」という属性を持っている。職業であれば、「サラリーマン」「OL」「経営者」「公務員」「学生」などだ。また役割であれば、「主婦」「お父さん」「おばあちゃん」などだ。

これらの職業および役割は、全ての人が無意識下でその役割を演じている。現に、サラリーマンは朝起きて、特に意識をしなくても顔を洗って朝食を取り、スーツを着て電車に乗る。

このように、無意識的に習慣としている行為は自己イメージとして定着しやすい。また、主婦も同様に子供たちを送り出し、掃除、洗濯と無意識に行動している。これも繰り返していると、「私は主婦である」という自己イメージが潜在意識に定着してくるのだ。

感情を刺激して販促効果を高めよう

したがって、このような人間の特性を考えると、販促でも職業や役割によるセグメントをすると反応しやすくなる。いつもならすぐにゴミ箱行きなのに、思わずチラシやDMを手に取って見てしまうということだ。チラシやDMには、「感情」を刺激するような表現を使うことがポイントである。心理描写を具体的に表現することにより、お客様の心を捉えることができるのだ。

たとえば、職業にスポットを当てると次のようになる。

「365日多忙なビジネスマンへ」
「集客で悩んでいる社長さんへ」
「毎日の残業でお疲れのOLたちへ」
「入社して3カ月で、癒されたい新入社員へ」

ポイントは、職業の前に、お客様の「状態」をすぐ

「役割」で訴求した住宅会社のチラシ

子育てママの心理特性
をつかんだ表現

「役割」での訴求は感情を
刺激することがポイント

い上げた一言を添えることで、感情を刺激すること。単に、「社長さんへ」や「ビジネスマンへ」だけでは、お客様は反応しない。お客様の潜在意識の中にある「具体的心理」を刺激することがポイントとなる。

役割の心理特性をつかもう

役割の場合も同様に、感情を刺激する必要がある。たとえば、「ご主人」や「お父さん」に対してどのように訴えるのかというと、比較的ネガティブな表現をすくい上げる方法が適している。

日頃、仕事で毎日ストレスを抱えているご主人。本人自身も気がつかないほど、多くのストレスを抱えている。奥さんもそのことを多少なりとも気にしているはずだ。したがって、次のような表現を使うと効果的だろう。

「いつもイライラしているお父さんへ」
「財布の中身が気になるご主人さまへ」

さらに、男性は力強さやパワー、あるいは義理人情に弱い。この特性を利用すると、次のような表現も面白い。

「この1本であなたのパワフルな1日を約束する」
「職人が渾身の力を込めてつくった力作です」
「亡き父がいつも愛飲していた、おすすめのお酒です」

次に、「主婦」や「奥様」などに対しては、ネガティブよりもポジティブな表現が大切だ。

女性は現実的である一方、感情が「快」になるものを好む。演劇やコンサートなどに女性が多いのも、そのような特性からと考えられる。「夢」「希望」といった言葉に敏感であるということだ。そのため、次のような表現が適切だ。

「賢い主婦のみなさま、大集合！」
「ワタシだけの空間がほしいという奥さんへ」
「奥様の夢と希望をかなえる幸せダイニング」

など、各々の心理特性に応じて表現を使い分けることが重要だ。

8 「購入商品」で絞り込む

購入商品で属性を予測する

リピーターには、必ず購買履歴が存在する。購買履歴とは、過去、どんな商品を購入したかの足跡のことである。

この情報から、そのお客様の嗜好特性や傾向を見ることができ、次にどのような商品を買うかを予測することも、ある程度可能になる。

ポイントは、その履歴をどのようなカテゴリーに分けるかということだ。商品、ブランド、価格、健康など、さまざまだが、この切り口が重要なのである。

たとえば、食品スーパーではカード会員制度がしばしば導入されている。システムによっては、誰がいつ、どんな商品を購入したかを分析することができる。ただ、ほとんどのスーパーが単なるポイント還元にしか使っておらず、そこから何かを読み取ろうとしていないのが実態だ。

そこで大事なのは「顧客戦略」である。どのようなお客様を増やしたいか、そのためにどんなアクションを起こすべきかという戦略がなければ、固定客化を実現することはできない。

利益率の高いお客様を狙うのがコツ

まずは、ターゲットをどこに置くかが重要である。

あるスーパーのケースを紹介しよう。スーパーは安売りが横行し、競争が激しい。しかし、目玉品ばかり買われては利益率も落ちてくる。できれば、利益率の高い商品を買ってくれる顧客にターゲットを絞って固定客化したい。

そこで、具体的手法として考えたのが、比較的高額な商品やこだわり品を購入したお客様にターゲットを絞り、「単品セール」を実施するという方法である。

たとえば、昨年の夏に1匹1980円の浜松産高級うなぎを購入したお客様に対して、今年の夏に国産うなぎを単品で打ち出したDMを送る、という手法だ。これは、昨年も購入しているお客様であるため、リピート性はかなり高い。実際、50％以上のレスポンスを出した店舗もあるほどだ。

また、「健康」にターゲットを絞る方法もある。健康志向が強く、購入商品にその傾向が表われているお客様は、やはり健康志向の商品を買い続ける傾向がある。

たとえば、食用油で言うと、値段はやや高めだが、低カロリーで健康志向の強い油を購入している顧客層を抽出する。その層に対して、カロリーオフの健康志向マヨネーズを単品でDM訴求すると反応が高い。

このような商品は高単価かつ高粗利商品が多い。つまり、購入商品でセグメントすることによって、利益率の高い商品を買うお客様を狙って固定化することができるというわけだ。

同種類、同分類商品を買い続ける消費者

以上の傾向を見てみると、もともと人間には同じ種類・分類の商品をリピートするという習性があり、これを利用しない手はないということだ。

たとえば、シャネルのバッグを買ったお客様は、次にシャネルの財布、シャネルのポーチと、同ブランドを買い続ける傾向もある。

特に、趣味・嗜好性の強い「パーソナル型」商品にはこのような傾向が強く見られる。

あるスポーツ用品店では、顧客リストから「サッカー関連」の顧客だけを抽出し、「サッカーシューズ大均一バーゲン」のDMを発送。通常5％くらいのレスポンスが、25％に跳ね上がったケースもある。

また、「海釣り」商品の購買客を抽出して「磯竿300セット限定セール」を実施した釣具店では、3％ほどだったレスポンスが、何と30％に跳ね上がったそうである。

9 「購入回数」「購入金額」で絞り込む

☞固定客予備軍にはさらなるサービスをしよう

固定客を増やすためには、当然のことながら固定客化しやすいお客様を固定客化することが最優先である。その固定客化しやすいのが、「購入回数」や「購入金額」が高い顧客である。

多くの商品を購入してもらえる顧客層は、会社に利益をもたらしてくれ、すでに固定客化しているとも言える。このようなお客様に対して、「もっと買ってくれ」と販促を打つことは、かえって不満足をもたらすのではないか？　と思うかもしれない。

ところが、そうではない。「20対80の原則」というように、上位20％の顧客で80％の利益をつくっている。当然、この貢献利益の高い上位20％のお客様に対してはさまざまなサービスを提供して特別扱いし、さらに感謝の気持ちを伝えなくてはならないのである。

☞本末転倒にならないように注意

しかし、現実は逆のケースが多い。たとえば、多くのスーパーは目玉品をチラシで打つ。ところが、この目玉品を朝早くから買いに来るのは、いわゆる「バーゲンハンター」だ。バーゲンハンターはまるで狩猟のごとく、チラシを見てはスーパーからスーパーへと移動する。利益率の高い定番品やこだわり品には目もくれず、目玉品だけを購入してさっさと帰ってしまうのだ。

目玉品というのは通常、利益を削って低価格を打ち出しているため、ほとんど儲からない。裏を返せば、お客様は得をしている。つまり、バーゲンハンターにのみ店は貢献してしまっているのである。

これでは本末転倒である。本来は継続的に来店し、目玉品だけではなく、定番品も購入してくれるお客様に対して、利益は還元されるべきである。

☞リピート率が高い「購入金額」限定ＤＭ

それでは、固定客化しやすいお客様を固定客化するためのセグメント方法を説明する。

まず、「購入金額」で絞り込む場合、ある一定のスパン（たとえば1年間）で購入金額を集計し、累計で上位2割のお客様に集中的にＤＭを送る方法がある。これは、単純にリピート率が高いので反応がよい。

タイトルは「えこひいきさせていただきます！」などとして、

「○○様、おめでとうございます。○○様は当店お買い物ランキング３００に入られましたので、来月から〝スペシャルＶＩＰ会員〟に認定させていただきます。

特典１　誕生日に高級神戸ビーフプレゼント

特典２　ネット宅配利用料金無料

特典３　ポイント還元いつでも２倍」

などと、特典を与えて特別待遇を図っていく。人は、特別扱いされるとそれをキープしようとして来店頻度が増える。ちょっと遠回りしてもその店で購入しようとする意思が働くため、より固定化が進んでいくのだ。

☞お客様に回数を意識させることがポイント

「購入回数」により絞り込む手法は、基本的には、購入金額と考え方は同様である。美容室やボーリング場などのサービス施設に使われるケースが多い。金額の認識よりも回数（頻度）の認識のほうがしやすいからだ。この場合、次のようなキャッチコピーになる。

「○○様へ　おめでとうございます。○○様はついにプレミアム会員資格に到達することとなりました。本日より、１年間に10回以上お越しいただいた方のみのプレミアム会員の資格が継続されます。

特典１　ネイルケアサービスを１回無料

特典２　誕生日月にお越しいただければ30％

特典３　ポイント還元２倍」

というように、「10回」という回数を意識させるのだ。そうすると、今まで来ていた回数より2～3割増しで来店してくれるようになるはずだ。

10 「最新購入日」で絞り込む

最新購入日でリピート率を高める

ＤＭなどの個別販促を仕掛ける際に重要なのは、もちろん「費用対効果」だ。せっかく打ったＤＭのレスポンスがあまりにも低い場合は、費用ばかりかかってしまい、固定客化し得ない。

そこで、比較的レスポンスが上がりやすいターゲティング方法として、「最新購入客」があげられる。つまり、お客様の「最新購入日」を分析することで、リピート率の傾向を分析できるのである。

これは、昔の購入客より、最近購入したお客様のほうがリピートする確率が圧倒的に高いからである。

「最新購入日」で訴求する方法としては、たとえば、「先月、ご購入いただいたお客様への特別のお知らせ」という訴求である。「３回安定の法則」とも言うように、一度来たお客様をすぐにリピート来店させ、さらに再来店、再々来店させることで固定客化を目指すのだ。

「最新購入日」限定訴求は即対応が基本

１回の利用だけでは商品やサービスのよさが理解されにくい。そこで、「鉄は熱いうちに打て！」の言葉通り、顧客リストから「先月来店したお客様」のみを絞り込み、すぐに再来店の仕掛けを感謝の気持ちを込めて訴求するのである。この場合、まず最初の案内は「サンキューレター」、または「サンキューコール」が有効である。これを行なうのは、早ければ早いほどよい。

お礼状などは、その日のうちにすぐ出すことが効果的だ。即日対応が、相手のハートをくすぐることになるからである。ハガキの場合も、購入いただいたその日に送るのがベスト。できれば手書きのものが理想だ。特に高額品の場合は、そのような対応をしたい。低単価品でも、印刷したハガキに一言手書きでパーソナルメッセージを伝えたいところである。

サンキューコールは、比較的高額品に限られる。あまりにも単価が低い商品では対応が困難だからだ。また、サンキューコールは購入後の感想を聞くという目的もあるので、タイミングとしては購入してから1週間後あたりが効果的だ。

☜「RFM」で固定客を増やそう！

この「最新購入日」と前項の「購入回数」「購入金額」を合わせて、「RFM」と呼ぶ。Rは「リーセンシー」で「最新購入日」、Fは「フリークエンシー」で「購買回数」、Mは「マネタリー」で「購買金額」を意味し、これら3つの観点から顧客を分析する方法が「RFM」分析である。

この顧客分析方法は、1970年代に米国で開発されたデータベースマーケティングのひとつで、時代遅れと思われがちだが、今でも十分に通用する方法だ。以前からある方法だからこそ、「原点手法」であり、「万能の法則」とも言えるのである。

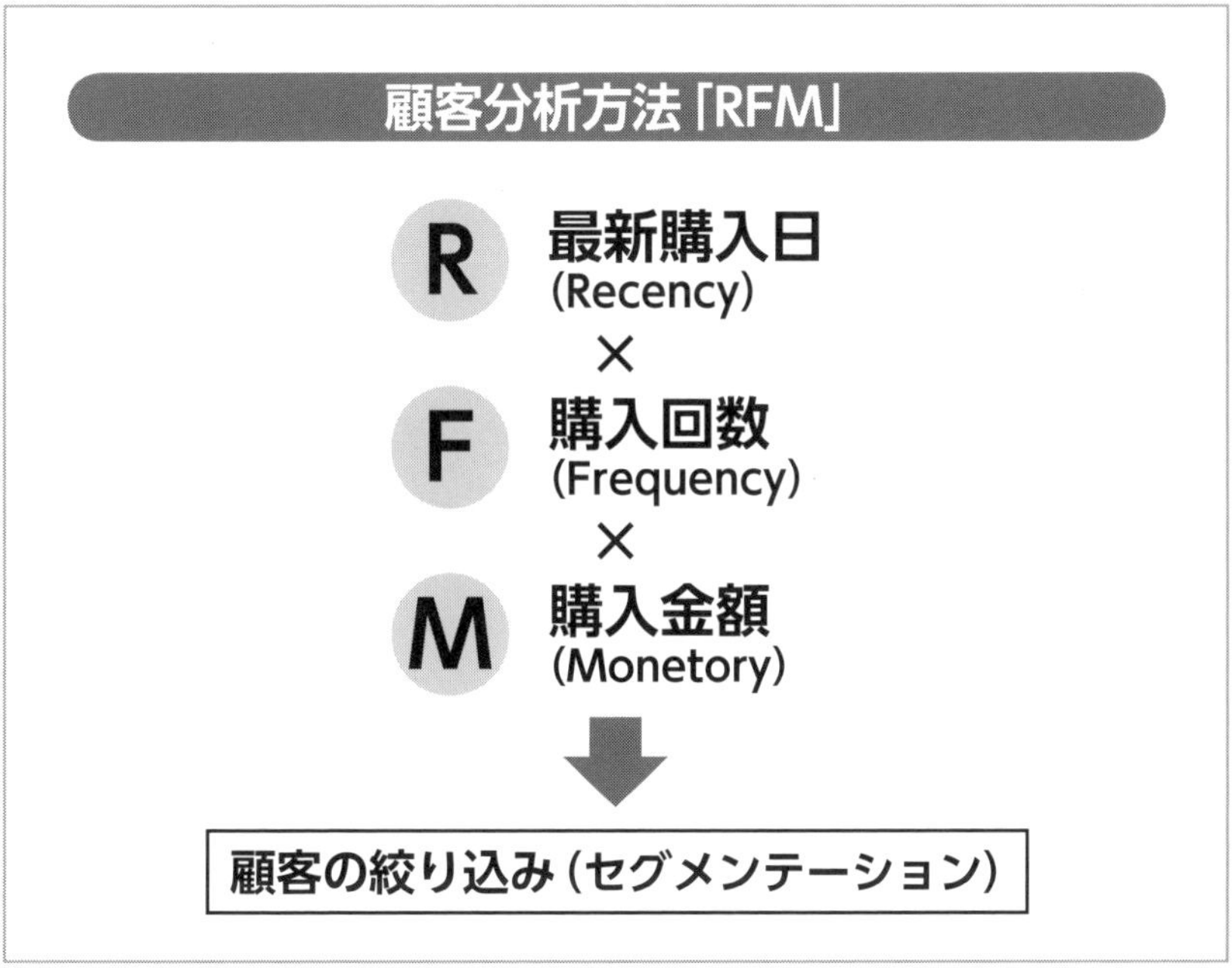

5章

上得意客の心はこうしてつかめ！

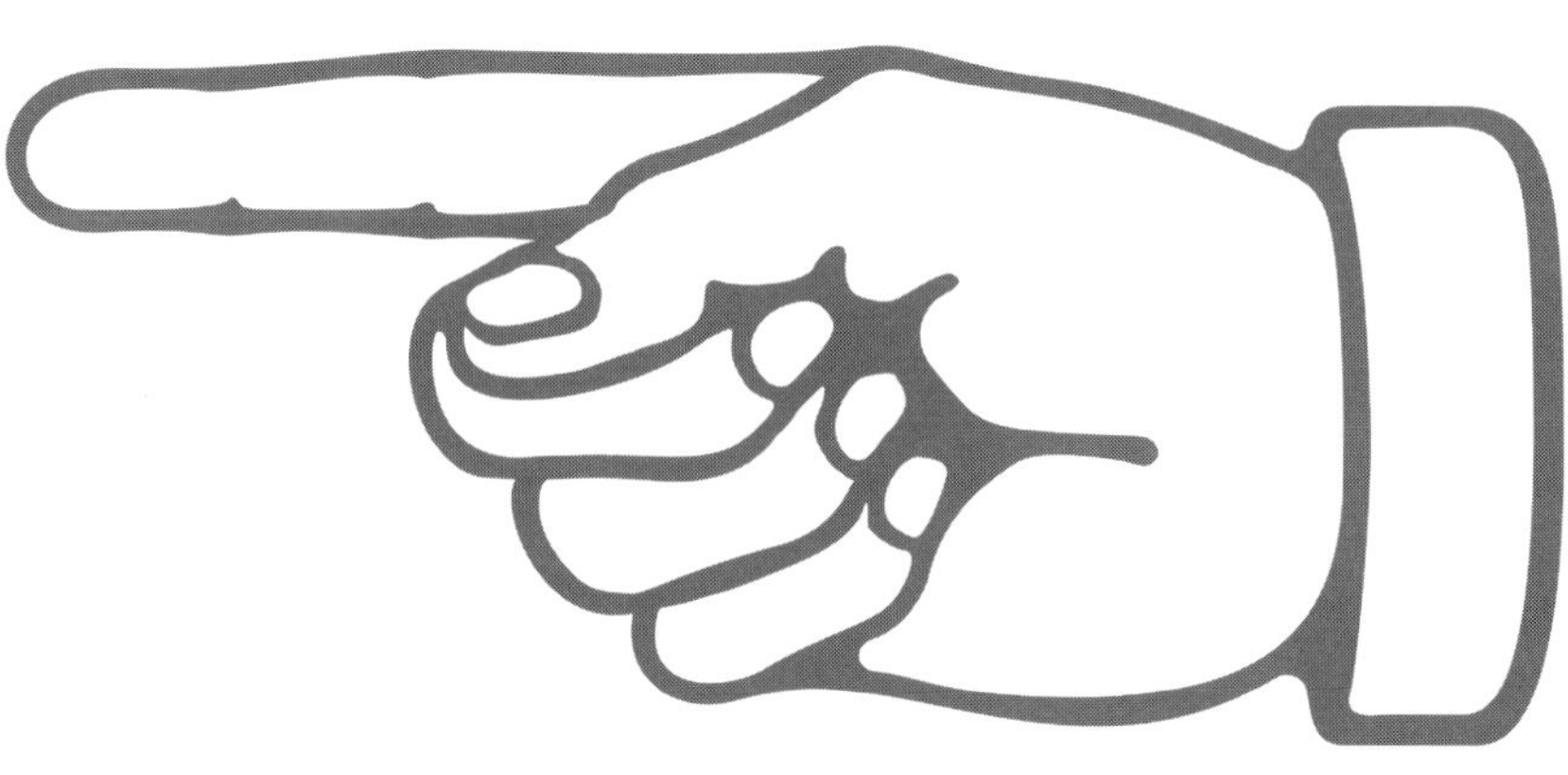

1

上得意客づくりのポイントは「顧客維持マーケティング」

☞上得意客は「特別扱い」で心をつかめ

上得意客というのは、最もリピートする顧客であり、累計購入売上としては際立って高い。さらに、利益率の高い商品を購入してくれるので、最も会社・店に貢献しているお客様とも言える。

通常、その構成比は全顧客の中で10～20％だが、利益貢献では30～50％を占めるため、上得意客を失うことは会社にとって大きなダメージとなる。そのため、上得意客を固定化するための「顧客維持マーケティング」が必要となってくる。

顧客維持マーケティングとは、一連の「集客アップマーケティング」とは大きく異なる。上得意客は、すでに価格・価値にはほぼ満足しているので、必要以上に安く売る必要もない。

それよりも、「特別扱い」という演出が重要である。「あなたのことをこれだけ考えています」ということを、継続的に伝える必要があるのだ。

☞上得意客にこそ効果的な「手書き販促」

その際、最も効き目があるのが「手書き販促ツール」である。最近の販促物はほとんどがワープロ文字だから、手書きは余計に目立ち、効果的である。

よく、DMは手書きがいいのか、ワープロ文字がいいのかといった質問を受けるが、上得意客に関しては、絶対に「手書き」がよい。ワープロ文字だと売り手の心や、お客様を思う気持ちが伝わりにくい。そのため、手書きにより、「ワン・ツー・ワン」の関係で相手を大切にしていることを表現し、お客様の心をつなぎとめておくのである。

たとえば、行きつけの居酒屋からDMが来るとき、左のような店主から来た手書きのDMだとつい読んで

居酒屋の「手書きレター」

小野様　先日はご来店いただきありがとうございました。寒い日にもかかわらずお顔を拝見できて、大変嬉しく思います。

昨日のことですが、北海道の友人から今年一番の"毛ガニ"が送られてきました。「今年初めて小樽で水揚げされた毛ガニで身がプリプリして最高なんだ。キミの店の一番大事なお客様に味わってもらったら？」とのことでした。そこで是非小野様に食べて戴きたいと思い、早速お手紙を書かせていただきました。

ただ、数が20匹とわずかなので、できるだけ早目にお越しいただきたいと思います。もちろん、お値段の方もお勉強させていただきます（いつもお世話になっております小野様に限り、特別価格にさせていただきます）。よろしければ、ぜひお越し下さい。

「あなただけに」という特別感で
上得意客の心をくすぐる

しまう。さらに、その内容がいいと、たとえ特典などがついていなくても、明日あたりにでも行こうかなという気持ちになってくる。

手書きであるがゆえに、店主が心を込めて一所懸命に書いているその想いが伝わり、感情が動かされ、来店という購買行動につながるのである。

逆に、印刷された半額クーポンだけを送られてきても、上得意客の心は動かない。「他の客と一緒にしないで！」という思いが強いからだ。

常連の心をくすぐる演出がポイント

129ページは、私の行きつけの居酒屋から実際に送られてきた手書きレターである。この店の店主は、名刺交換したお客様に対して、マメに手紙を書く習慣がある。ヒマを見つけては、お客様一人ひとりの顔を思い浮かべながら、手紙を書くという。

普段やっていない人から見れば、たいへんな労力が必要なように思えるが、習慣化しているため、毎日顔を洗うように手紙を書いているそうだ。

その内容も、ポイントをうまく突いている。まず最初に、「先日は寒い日にお越しいただき……」と、相手を気遣うパーソナル性がうかがえる。

次に、「北海道の友人から毛がにを入荷し……」という希少性を出すフレーズ。「あなたに最初に食べてほしい」という一言が希少価値を高め、食べたい欲求がふつふつと湧いてくる。

「お値段も特別に……」とダメ押しのフレーズがあると、自分だけが得をした気分になってくる。

このように、全ての点において、「あなただけに」という特別感を出す要素が入っており、演出がうまいのだ。

このような「常連の心をくすぐる表現」が、顧客維持マーケティングの基本である。

チラシやDMに限らず、接客、サービスなどにおいても、ちょっとした「あなただけに」を意識して表わせるようになれば、上得意客は永続的に利用してくれる。

2 「ワン・ツー・ワン」販促で想いを伝える

☞「1対1」の関係性で特別感を出す

先述のレターのように、上得意客の心をつかむためのキーワードは「ワン・ツー・ワン」である。つまり、お客様と売り手という「1対1」の関係性をどのように築き、またそれを伝えていくかがポイントとなる。

以下に、「ワン・ツー・ワン」販促のコツをご紹介しよう。

①手書きで書く

前項目で述べたように、お客様により親密感を持ってもらうためには、手書きが重要なポイントである。手書きはやはり味わいが深いものであり、人の心を捉えるものだ。最近、年賀状でも住所、氏名はもちろん、裏面までワープロ打ちの印刷ハガキが増えてきている。全て印刷されたものは、届いても何か味気ないものである。

レターはもちろん、チラシやDMでも、手書きが少しでも入っているだけで、目にしたときの印象はずいぶん違う。

全て手書きが無理なら、一言でも手書きメッセージを添えるだけで効果がかなり変わってくるので、手間がかかるが、ぜひ実行していただきたい。

②相手の特徴を具体的に書く

「ワン・ツー・ワン」販促の内容は、「あなただけ」というパーソナル性を演出することがポイントだ。

たとえば、薬局であれば、「お子様のアトピーの具合は、いかがでしょうか？」など、お客様の特徴や欲求をつかんでおき、それを文章に落とし込んでいく。

そのため、顧客管理カードに相手の特徴や趣味などを記入して管理しておくことが重要である。

できれば、接客の中で聞き出した話なども残しておくと効果的だ。最近行った旅行や家族の話など、状況

顧客の構成比

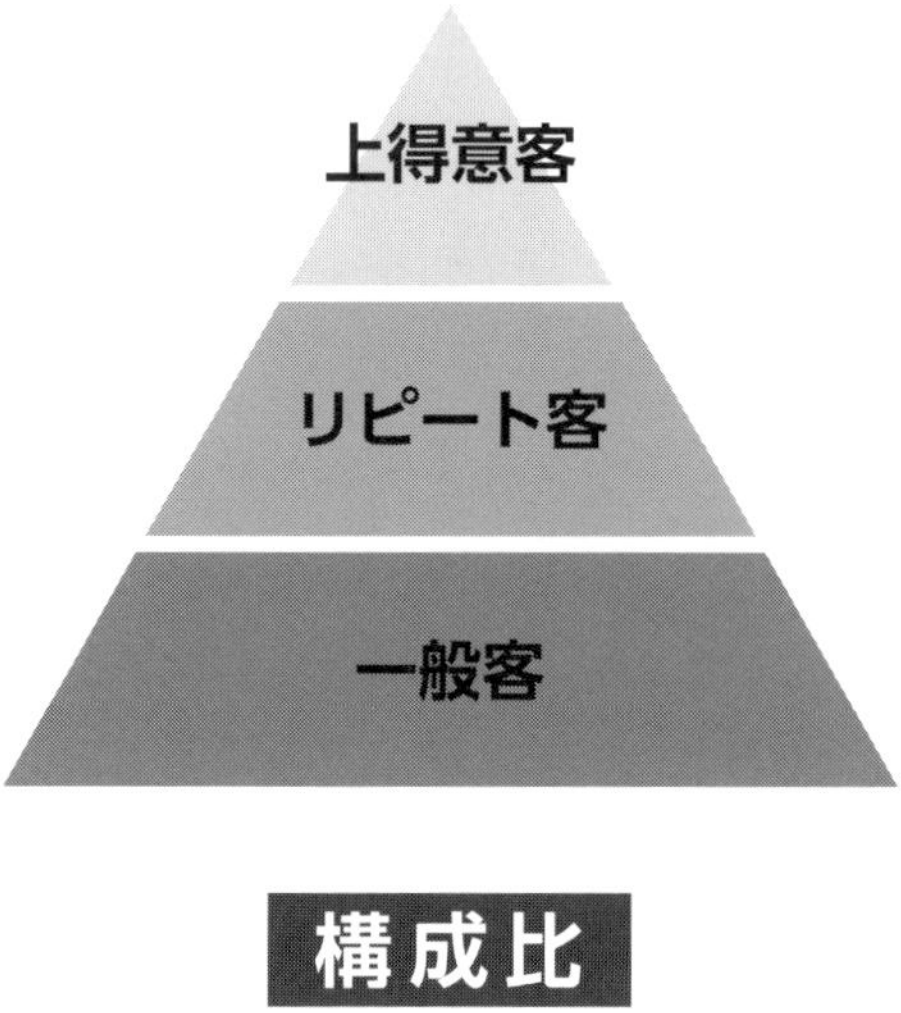

上得意客の構成比は10～20％だが、利益貢献では30～50％を占めるため、固定化することは重要だ

に応じた細かい顧客管理こそ、お客様の心を捉えるのである。

③上得意客に絞る

「ワン・ツー・ワン」販促は、全ての顧客に仕掛けることが理想だが、業種によって上得意客に対する考え方は変わってくる。

当然、クルマや住宅などの高額業種は、全ての顧客が上得意客になるが、食品スーパーなどのセルフかつ低単価業種は、常識的に「ワン・ツー・ワン」は不可能である。接客が伴えば、「ワン・ツー・ワン」が可能だが、全ての顧客に対してでは効率が悪すぎる。

そのため、低単価業種の場合は通常、RMF分析などにより、上位5％から10％くらいの顧客に対する「ワン・ツー・ワン」対応が普通である。

④継続的に実行し、習慣化する

「ワン・ツー・ワン」販促は、1回だけでは効果は出にくい。そのため、繰り返し、定期的に行なうことが必要だ。

何事もそうであるように、習慣化しないと相手の心を捉えることはできない。無理やりやっているうちは、むしろその感情が相手に伝わり、やればやるほどマイナスになる。レターであれば、書くことが楽しく、またレターを出さずにいられないくらいにならないと本物ではない。

そのコツは、プロセスに夢中になり、楽しむこと。何事も、時間の経過を忘れるほど集中していると、人間は楽しいものである。好きなゲームをしているときなど、あっという間に時間が過ぎて驚いたことは、誰しもが経験あるはずだ。

大切なのは、そのレターを見たお客様が感激しているシーンを想像したり、または喜んでいる顔をイメージすることである。

そして、そのレターを読んだお客様が、行列ができるほど来店して繁盛している……そんなイメージを持ちながら販促を行なえば、楽しく取り組め、継続できるものだ。

3
「手書きチラシ」で想いを伝える

☜価格訴求は上得意客化につながらない

お客様の中でも、価格で釣られてきた顧客というのは、固定化しにくい。確かに、価格訴求は消費者にとって魅力的であり、集客するには容易な方法である。しかし、価格で来た顧客は価格でまた逃げていくというということだ。

そのため、価格訴求のみでは固定客づくり、さらには上得意客づくりにつながり得ないのだ。

上得意客をつくるには、実は「入り口」が重要である。つまり、初回来店でどのようにして集客し、どのように対応したかで、上得意客になるかならないかが決まってきてしまうのだ。

もちろん、上得意客を維持していくのも大事であるが、集め方も重要なのだ。

☜手書きチラシで親近感を演出しよう

そこで重要なことは、「親近感」の演出である。価格よりもお客様に馴染み感や親近感を持ってもらうことが、上得意客の入り口なのだ。

それでは、親近感を演出するには、どんなことが必要なのか？　それは「いかにしてお客様との距離を縮めるか」ということである。

販促物で親近感を表わすには「手書き」が重要だということはすでにお話ししたが、これはレターなどの特定客へのツールに限らず、チラシなどの不特定客へのツールとしても使える。

手書きでつくることにより馴染み感を演出して、お客様との関係を深めていくという効果があるのだ。

次ページは、あるリフォーム会社のチラシである。このチラシは社長が下書きを書いて、その後、専門スタッフにすべて手書きでつくらせている。ここまで徹

リフォーム会社の「手書き」チラシ

「幸せ奥様」のための「収納」に絞り込んだＰＲ商品訴求。職人のイラストやコメントも安心感を与える

「あなたのために」をアピールした手書きチラシで親近感を高めて上得意客化につなげる

底した手書きチラシはそうはない。

タイトルは季節を意識し、春であれば桜のイラストなどを入れ、春を感じさせるようにする。また、ＰＲ商品も「収納」に絞るなど、季節性を意識した商品訴求をしている。

冬になれば、「奥様のためのポカポカ安心リフォーム」など、自社の品揃えのポイントを季節に合わせて、具体的に訴求しており、反響も大きい。

ターゲットを絞った訴求も親近感につながる

さらにこのリフォーム会社のすごい点は、一品一品の商品の掘り起こしである。それぞれの商品が実際の生活シーンを具体的にイメージさせ、購買欲求を喚起する訴求となっている。

たとえば、床暖房をチラシで訴求する場合、多くのケースは「床暖房50％ＯＦＦ！」「ぽかぽか床暖房は最高！」というほどの表現しかしない。

そこで、こんなコメントをつけるとどうだろう？


「床暖房は受験生の味方！　エアコンやストーブは空気乾燥させ、風邪ウイルスの蔓延の元！　床暖房は適度な湿度を保ち、ウイルスの力も半減する！」


ターゲットを受験生の親に絞り込み、ターゲットの心理状態を捉え、生活シーンと重ね合わせた具体的な訴求表現だと言えるだろう。

さらに、冬場には、足元が冷えるなど台所仕事に対する奥様の悩みが多いことに注目。台所周辺の寒さ対策リフォーム（風除け、寒気対策など）を訴求し、反響を上げている。

このように、ターゲットを絞り込み、「あなたのために」をアピールした手書きチラシならば、親近感や馴染み感が湧きやすい。上得意客づくりにおいて、電話問い合わせや来店などお客様が行動しやすい状況をつくるだけでなく、さらにお客様との関係を深めていくことができる、効果的な訴求方法なのである。

4 「手づくり通信」で想いを伝える

お客様との信頼関係は自己紹介からはじまる

上得意客に対する対応として重要なことは、お客様との絆を深めることである。いわゆる、リレーションシップ（関係性）の構築である。

リレーションシップとは、お互いのことを深く知ることである。お客様のことをもっと知りなさいというお話はよく聞くが、お客様との信頼関係を築くためには、まず自分のことを相手に知ってもらうこと、つまり、「自己開示」が重要である。

知らない人同士のコミュニケーションの第一歩は「自己紹介」からはじまる。なぜかと言うと、相手が何者かわからなければ、普通、人は心を開いて話すことはないからである。自己紹介からはじめることは、店とお客様との関係においても円滑なコミュニケーションの第一歩となるのだ。

お客様との関係構築に効果的な手づくり通信

そこで、お客様に自店・自社を紹介するために有効な販促が「手づくり通信」だ。定期的に情報誌を発行し、お客様に定期的に送るという方法である。

この手づくり通信は、最近ではさまざまな業種で使われており、顧客との関係を築き上げていくのにたいへん便利なツールとなっている。自社の商品案内や会社のPRはもちろん、売り手のパーソナル情報、社長や店長の考え方などを、効果的に掲載するのがポイントだ。

以下に、その作成上のコツを紹介しよう。

①トップのメッセージを入れる

社長や店長の考え方やメッセージは、必ず入れるべきである。

ポイントは、プライベート性を打ち出すこと。ブロ

自動車販売会社の「手づくり通信」

「ひまわり通信」創刊にあたり…

永井　恒一

日頃より、皆様には当店をご愛顧いただきまして、まことにありがとうございます。紙面からではございますが、ここに深く感謝をもうしあげます。

当店では、長らく、担当営業が皆様のお宅まで定期的にごあいさつにお伺いする営業スタイルをとっていました。
ところが、3年前の支店開設準備スタート前後より、現場が二つに分かれることから、店頭販売活動に専念するスタイルに移行いたしました。
お客様に事前の説明も無く、少なからぬご不便をおかけし、また、ご心配のお気持ちにさせてしまいました。あらためてこころよりお詫び申し上げます。
わたしたちにとっても、ホンダ販売会社としてご支持いただいた年月の中で、一番、大きな変化を経験したこの3年間でした。この3年をとおして、わたしは、いま、次の思いをますます強く感じています。

毎日、おいしくご飯をいただいて、
仕事を一生懸命できるしあわせ。
それは、お客様が、大切なお金を当店で使ってくださるおかげです。

お客さまがお金をつかってくださるのは、
私の祖父、父母の代から築かれた信用と、社員が心をひとつに力を合わせてがんばってくれているおかげです。
ホンダブランドと協力企業のみなさまのおかげです。

毎日いきいきと、やりがいのある仕事に打ち込めるのは、
お客さま皆様の笑顔のおかげです。
なぜなら、わたしたちに限りない勇気と元気がわいてくるから。

わたしたちは、大切なお客さまみなさまに、もっともっと、親しんでいただけるお店と人に成長していきたいと願います。

わたしたちのミッション
（思いを発信、思いを実行、思いを実現）
それは…ハッピーMAXです！

このお店で、買って、使って、うれしい、楽しい、出会いがあって、発見あって、いつでも新鮮！この喜びを友達にもおしえてあげたい！
＊お客様のハッピーMAXを実現したい＊

働くって楽しい！お客様に信頼していただけてうれしい！時には悩んで、苦しんで、成長できて、しあわせ！仲間の輪をもっと広げたい
＊社員のハッピーMAXを実現したい＊

「ひまわり通信が生まれたわけ…

これより、私どもの大切なお客様であるみなさまとそのご家族のみなさま、そして当店スタッフとそのご家族のみなさまは
ホンダカーズ銚子東・メンバーズ会員
と、させていただきます。会費は無料です。「ひまわり通信」は、お客様のハッピー、社員のハッピーをどんどん大きくしていきたい、そんな願いを実現していくために、メンバーズ会員相互のこころの架け橋になりたいです。

「わたしは、サービスの○○さんが高校の同級生ということもあり、いつもいろいろ相談にのってもらっています。」

「先日、新車を買いました。ここがすごく気に入っています」

「バンドをやってます。12月にコンサートをやるんだけど、メンバーズマガジンでちょっと宣伝に協力いただいてもいいかな？」

「うちお菓子屋さんなんですけど、新作のお菓子自信があるんだ。皆さんに知ってほしい」

「わたしのお気に入りのラーメン屋さん。特に○○がおすすめ！」とか。

いろいろ掲載できます。その際、お客様のお名前、お乗りのオクルマ、一緒に写っている写真、当店との馴れ初めを入れていただければOKです。

私どもスタッフも、精一杯知恵をしぼって楽しい紙面づくりに取り組んでまいります。素人の手作りで読みにくい部分もあるかとは思いますが、次回もたのしみだな、と思っていただけるマガジンになりたいです。

＊　＊

巻末に皆様の声を書き込んでいただくページを用意しました。
ぜひ、みなさまの「ご感想・ご意見」をおきかせくださいませ。
「ひまわり通信」を一助に、「皆様のハッピーMAX」と「社員のハッピーMAX」の実現をめざして一歩一歩すすんでいきたいです。

＊　＊

「ご意見・ご感想」をお寄せいただけた方（FAXでもOKです）には、ささやかですが、感謝をこめて、Fit発売記念限定の景品をご用意しました。

「どのクルマと比べても、どこからみても断然フィットですね。」

「FITが結んだ縁」
営業の細田です。去年7月末に入社し、はや1年が過ぎました。
実は私、入社前は皆様と同じ当店の顧客でした。
6年前、初代FITをここで買ったのです。当時、東京からUターンした私は、職探しの真っ最中でした。
銚子・波崎ではクルマがないと仕事も見付けられない…、ということで、父と弟がCAPAとオデッセイでお世話になったこのお店へ連れてこられたのです。
こちらの要望は「すぐ乗れるクルマ！！」ということで、勧められたのがFITでした。（そのころFITはすごい人気で4～5ヶ月待ちなんて場合もあったそうです。「すぐのれるFIT」は、たまたまお店で先行仕入れしてあったらしいんです。）
でも、その頃ヴィッツも気になっていて、正直相当迷いました。最終的には試乗して、やっぱ1,000CCのヴィッツでは物足りないなぁ…と。
家族もここで買っているご縁もあるし、ここで買っておけばまず間違いはないだろうという安心感で決めました。

それから4年半後、まさか自分がここで従業員として働くことになろうとは、夢にも思っていませんでした。
今ではFITも2台目、1500ccのMT車に乗っています。

ここで、FITを2台乗り継いだ私から見た、新型FITの魅力を少しだけ語りたいと思います。
新型フィットの現車を初めて見たのは、8月20日埼玉スーパーアリーナ。ホンダ技研の販社向け新型FIT内見会でのことです。

まず第一印象は、スマートでよりカッコよくなった！横から見たフォルムがより一体感を帯びて、フロントウィンドウからルーフへ流れるようなフォルムは流麗という言葉がピッタリ。
フロントウィンドウは現行よりさらに前へのび、ガラス面が大きくなりました。乗ってすぐに、思わず「おっ、視界が広い！！」と言ってしまいました。心も身体も気持ちい～い開放感に包まれます。ガラスが前に伸びた分、三角窓も大きくなり、狭い道やコーナーで曲がるときの見やすさが一段とアップしています。

現行FITに乗っていて「Aピラーの位置なんとかならないかなぁ…見にくいよ…」と思っていた私は大感激！これだけで、評価10Pアップです(^-^)
運転席へ座ると、メーター類がギュッと凝縮されて、見やすくなっていて、スポーティーでカッコイイ！頭上や足元・腕まわりもさらにゆとりを持って作られています。さらに後方のヘッドレストが埋め込み式になったので、車庫入れのときの後方確認もしっかりできます。

そして、オススメはスカイルーフ（メーカーオプションですが）！エアウェイブと同じ3枚分割のスライディングルーフですが、視界を遮る部分が少なくなり、前席でもより景色が見えるようになりました。
エアウェイブでスカイルーフを開けて走ったときのあの開放感を、FITでも味わえる！社長、展示車はぜひルーフ付きでお願いしますm(_ _)m

エンジンに目を向けると、1.3ℓ、1.5ℓともに新開発のi-VTEC採用で、パワーアップ。
1.3ℓで最高出力（馬力）が、86ps（現フィット）から100psにアップしているのに、燃費が同じなのはすごい。正直現行の1.3ℓは、スタートにややもたつきが感じられました。アクセルを踏み始めてから加速するまでの時間がちょっとかかる…。
初代FITに乗っているときは、CVTの宿命だと思ってあきらめていたのですが、新型ではそれをみごとに解消しています。CVTのなめらかな加速感は変わらず、スタートから力強く加速します。
スポーティーに乗りたい方には、FIT RS（写真）がオススメ♪カッコイイでしょ？1.5ℓでダントツの最高出力120psで2.0ℓクラス並の力強い加速感を味わえます。安全性も大幅に向上。衝突安全性能テストでは、★★★★（四星）から★★★★★★（六星）へアップしています。イモビライザーも全グレード標準装備になりました。
こんなに進化したFITに、ますます惚れ込んでしまいそうです。

細田　佳代子
初代FIT 1.3AT～1.5MTを乗り継ぐ。6年ともにFITのすべてを知り尽くしているオンナです。

上が新型FIT1300、
下が新型FIT1500RS

新型フィットと出会う日は、もうそこまできています♪

発表日は10月18日、発売日は10月26日。

1.3ℓは10月27日から、
RSは11月10日から
ご覧いただけます。

試乗会は11月1日から
開催予定です。

ただし、11月3日（祝日）は、七五三のお祝いで休暇希望の社員が多いため、臨時休店とさせていただきます。

新型FIT1500RS

左が新型FIT1300、
右が新型FIT1500RS

「わたしは、サービスの○○さんが高校の同級生ということもあり、いつもいろいろ相談にのってもらっています。」

＊　＊　＊

「先日、新車を買いました。ここがすごく気に入っています」

＊　＊　＊

「バンドをやってます。12月にコンサートをやるんだけど、メンバーズマガジンでちょっと宣伝に協力いただいてもいいかな？」

＊　＊　＊

「うちお菓子屋さんなんですけど、新作のお菓子自信があるんだ。皆さんに知ってほしい」

＊　＊　＊

「わたしのお気に入りのラーメン屋さん。特に○○がおすすめ！」とか。

いろいろ掲載できます。その際、お客様のお名前、お乗りのオクルマ、一緒に写っている写真、当店との馴れ初めを入れていただければOKです。

地域イベント情報をお客様から集めることで関係性も高まる

商品の比較情報は上得意客のビフォアフォローとなる。社員自らが伝えているのもポイント

グのようなイメージで、感じたことや思ったこと、プライベートで起きた出来事、失敗談などを掲載することによって、トップの「人となり」が理解でき、親近感が湧く。

後の項目でも述べるが、トップの考え方は、社員だけでなく、お客様に与える影響も非常に大きいのである。

②社員・スタッフを紹介する

お客様に対応する社員・スタッフの情報開示もポイントだ。実際にお客様との信頼関係を築かなければならないのは、現場スタッフだからである。

そのために、スタッフが楽しそうにしている様子の写真や、スタッフの名前、趣味、出身高校、クラブ活動、好きな食べ物などを開示するのも効果的だ。

そして、これを見たお客様は自分の知っているスタッフを見つけ、さらに自分との共通ポイントを探し出そうとする。

たとえば、出身高校が同じであればしめたもの。先輩、後輩の関係というのはとても強い絆となり、上得意客化につながることもあり得る。

③商品の選び方や比較の仕方を載せる

事前情報を伝えるなどして、お客様が商品を選びやすい環境をつくることは大事だ。情報のインプットは、お客様の「選ぶ楽しみ」を増大させるからである。

今すぐには買わないかもしれないが、その商品を将来購入してくれる可能性の高い上得意客だからこそ、商品の比較情報を提供するといったビフォアフォローは欠かせないのだ。

④地域イベント情報を入れる

地域密着性をアピールするため、地元で実施予定のコンサートやイベント情報を積極的に掲載しよう。

女性が喜ぶ店、たとえば、おいしいケーキ店の情報などはたいへん喜ばれるものである。

「私のおすすめのショップ」など、自社と直接関係のないことを掲載することで、手づくり情報誌としての価値が増大するのである。

5 「手書きPOP」で想いを伝える

☞上得意客づくりにつながるPOPづくり

売り場の販促物にも上得意客に有効な手段がある。それがPOPだ。小売店の店頭の場合、売り場を演出するにはPOPが重要だ。

通常、このPOPは商品説明、あるいは接客の補助的ツールと捉えられがちだが、実は上得意客づくりに関連している。

POPの良し悪しで、店は生きたり死んだりする。というのも、店舗はただ商品を並べているだけではなく、商品を一つひとつ売り場で光らせることができなければ、売れることはない。その光らせ方次第で、お客様の心をつかみ、上得意客づくりにつなげることができるのだ。

☞POPは重要な店頭の切り札

POPの役割とは、元来、商品価値を的確に伝えるということである。世の中に何十万アイテムと商品がある中で、「この商品は、こんなにすばらしい価値があるので、買っても絶対に損はしません」というメッセージを売り場のお客様に訴求するツールなのである。決して単なる値段を伝えるためのツールではないのだ。

POPは、売り手、つくり手の想いを込めた、「店頭の切り札」と言っても過言ではない。POPづくりは、商売上、力を入れるべき販促なのである。

☞手書きPOPは楽しみながら制作しよう

上得意客をつくるためのPOPは、チラシ同様、「手書き」ということがポイントとなる。手書きによって、売り場での親近感の演出や、売り手の想いを伝えることで、上得意客の心を捉えよう。

もちろん、手書きで書けば全てが伝わるというものではない。お客様に想いを伝えるためには、その背景に売り手の人間性が垣間見えなければならない。

そのポイントは、「楽しんでPOPをつくる」ことである。

前項でも申し上げたように、顧客との強い絆をつくるためには売り手が「楽しむ」ことが大切である。日々、楽しみながら販促に取り組んだり、お客様に接したりすることで、ベストパフォーマンスを演じることができるのだ。

自らが楽しめるシチュエーションをつくるためには、まず自分自身で商品を仕入れることが重要だ。

自分で仕入れてこそ、その商品の売りたいポイントがわかるからである。

ディスカウントストアの雄「ドン・キホーテ」は、売り場担当者が自ら仕入れているため、顧客の心を動かすPOPがつくれるのだ。

担当者の「自分で仕入れた商品だから絶対に売り切りたい」という強い想いがあるからこそ、面白いPOPが出来上がるのである。

以下、専門店におけるケースをあげてみたい。

品質を価値に変えて訴求することが大事

小売店の場合、仕入れた商品の価値をいかにして店頭で伝えるかが重要なポイントになる。

商品価値は、単なる「品質POP」を書いても伝わらない。品質POPとは、「精米歩合○％」とか、「こんな米を使用している」とか、「辛口」や「甘口」などといった「スペック」で訴求したPOPのことだが、お客様はスペックだけ見ても商品をほしいとは思わないのである。

大事なことは、品質を「価値」に変えて販促を仕掛けるということなのだ。

価値訴求というのは、お客様がその商品を見て「ほしい」「飲んでみたい」「ぜひ買いたい」と思わせる見せ方をするということ。

つまり、スペックだけでは物足りない上得意客が「おっ？」と心ひかれるような表現がミソなのだ。

酒造店の「手書きPOP」

「日本酒のおいしさ」という価値を、
店の思いを込めて伝えている

店の想いが伝われば、お客様との絆が深まる

ある酒造店のＰＯＰ事例を２つ紹介しよう（１４２ページ）。

ひとつは「ひや番長」というお酒で、ＰＯＰのタイトルは「暴れん坊になれる酒」。

お酒好きは「酔いたい」「解放的になりたい」という潜在的願望があり、また、特に闘争本能の強い男性は暴れ願望がある。

「暴れん坊」というパワフルなイメージは、男性なら誰しもが持つ幼少時の「番長願望」をくすぐり、潜在的欲求を喚起していると言える。

もうひとつは、年に数回のみ出荷という稀少な酒「直汲み」。「直汲み」という商品名は「稀少性」のイメージを喚起する。

ＰＯＰ例ではこの限定感を、商品名の「直汲み」とヘッドコピーの「年に数回のみ」という表現によって打ち出しているのだ。

この商品の値段は、やや高めの２４８０円であるが、「この酒を飲みたい」という印象を与えるうまいキャッチコピーを使っていると言える。

いずれのＰＯＰも手書き風につくられていることが、最大の特長である。

店とお客様の絆を深めるためには、店の想いを知ってもらうことが第一歩であるが、手書きは最も効果的な表現方法だと言える。

単なる活字のものと比べると、親近感も湧くため、上得意客の心をうまくつかむことができる。

6 「方言」で想いを伝える

☞地元意識で親近感を高める

上得意客づくりの販促方法として、「地域密着性」を打ち出す手法がある。

「地元意識」というのは、非常に強い。地元出身の政治家、芸能人、経営者、スポーツ選手は、たいてい応援したくなるものだ。甲子園の高校野球も、つい出身地の高校を応援してしまうだろう。いわゆる、「地元びいき」である。

地元意識というのは誰もが少なからず持っている。この意識をうまく利用して、マーケティングにも活用していくのだ。特に地方において、この手法は効果的である。

☞方言でアピールして親近感を呼び起こそう

そこで、その地方独特の言葉である「方言」を販促に利用していこう。方言は地域に根ざした言葉であり、日常的に使われているものなので、お客様の潜在意識の中に深く刻み込まれている。

そのため、方言を聞くと親近感を覚え、つい気を許したくなってしまう。そこに顧客の心をつかみ取るビジネスチャンスがあるのだ。

ちなみに、私は福岡出身である。そのため、九州弁を聞くと、つい懐かしさを感じてしまう。たとえば、語尾に「〜ばい」とつける言葉。あるいは、これは北九州独特と思うが「〜ちゃ」という語尾をつける場合もある。

たとえば、「髪を切るよ」を九州弁なら「髪を切るばい」となる。北九州なら「髪を切るっちゃ」とも言うが、この場合、人に髪を切りなさいと言われ、「わかりました。すぐに切りますよ」というニュアンスが含まれる。

このように、方言はちょっとした語尾の変化で意味が変わってくるなど、地元の人しかわからない微妙なニュアンスの使い回しも少なくない。この地元の人しかわからないというところが「仲間意識」を感じさせ、親近感が湧いてくるのである。

☞方言を活用したタイトルフレーズで訴求しよう

ある山梨県のリフォーム会社では、チラシのタイトルに

「雨降っても大丈夫け？」

「地震大丈夫け？」

などと方言によって訴求している。山梨の甲府周辺の人なら誰でも知っている言葉だ。

通常、チラシタイトルは「〇〇セール」とか「△△祭」といったものが多いが、方言を使うと斬新であり、また親近感も湧きやすい。

さらに、商品別に

「雨どい大丈夫け？」

「屋根大丈夫け？」

「庭・玄関大丈夫け？」

など、単品で訴求すると反応も上がる。お客様の「不安」や「悩み」に対し、方言を使って具体化しているのだ。ゆえに安心感の演出にもなり、さらなる需要喚起へとつながるだろう。

さらにさまざまな地域の方言で表現してみると、次のようなタイトルフレーズが考えられる。ぜひ、参考にしてみてほしい。

「決算なんで絶対得ばい！（決算だから絶対お得です！）」（福岡）

「店じまいやけ絶対得じゃけんのう！（店じまいだから絶対得です！）」（広島）

「ぎょーさん、目玉品が満載やで！」（たくさん、目玉品が満載です！）」（大阪）

7 「トップのメッセージ」で想いを伝える

☞トップのポリシーが付加価値を生む

本章の4項でも触れたが、「トップのメッセージ」は社員へはもちろん、顧客との関係づくりという点で非常に大きな意味を持つ。チラシやDMに、社長自身が「顔」を出して自ら語りかけることで、顧客との距離を縮め親近感を感じさせるのだ。

なぜ、このようなことをするのか？　それは、固定客化、さらには上得意客化のポイントのひとつとして、「トップのポリシー」の重要性が高まってきているからである。不当表示や品質管理などの不祥事が続き、お客様が購買行動に消極的になっている現在、価格以外の「付加価値」は重要な販促要素なのだ。

お客様は付加価値により、会社や店の「理念」「思想」を判断する。その際に一番大きい判断材料となるのが、トップの考え方なのである。お客様は商品やサービスの価値を、トップの考えを通して敏感に感じ取り、購買決定の判断材料にしているのだ。トップのポリシーを効果的に伝えるポイントは、以下の3つだ。

①写真またはイラストで顔を出す

トップのメッセージをチラシなどに掲載する場合、「顔出し」があると伝わりやすい。それも写真がベターである（イラストでもいい）。言葉だけだと、意外と伝わりにくいからだ。

顔出しする場合は「笑顔」が原則である。それも、満面の笑顔が理想である。というのも通常、男性が真顔で写ると圧迫感があり、女性を対象とする場合は好印象を与えない。写真は諸刃の剣であり、うまく使うとインパクトがあるが、裏目に出ればマイナスイメージになりかねないということに気をつけよう。

②メッセージを具体的に発する

メッセージの内容についての注意点は、できるだけ具体的に表現すること。ただし、堅苦しい文章は避けたほうがいい。

以下は、ある酒造メーカーのトップのメッセージである。

「今、安かろう悪かろうの合成清酒が増えてきています。（中略）これらのお酒のつくり手は、大切な自分の家族の口にも入れさせることができるのでしょうか。

私たちは、昨今主流となった『大きな仕込タンクで機械による大量生産の酒造り』を断固として拒否します。売り手である私たち自身が舌鼓を打って飲める酒。大切な家族に安心してすすめることができる酒。親しい友人に胸を張って贈ることができる酒。そんな蓬莱をお届けするために私たちは人を育み、米を選び、酒造工程の細部にとことんこだわり貫きます」（飛騨渡辺酒造店ホームページより）

お客様に問いかけるような口調でありながら、自社のポリシーを非常に具体的に、明確に伝えており、商品にかける想いが伝わってくるよいメッセージだ。

③繰り返し刷り込むことが大切

ポリシーは、1回だけでは伝わらない。チラシやDM、HPなどの販促物で何度も何度も繰り返し訴えることにより、ようやく伝わるものだ。

上得意客をつくるには、「継続」がカギである。愚直なまでに繰り返し唱え続けることが大切だ。もちろん、表現はそのたびごとに変えてもかまわない。経済の情勢などによりPRポイントも変わってくるため、そのつど臨機応変に変更することが重要だ。

一例をあげると、ワタミの渡邊美樹会長はしばしばメディアで軽快なトークを披露しているが、そのポリシーは一貫している。「地球上で一番たくさんのありがとうを集めるグループを目指して」をスローガンに掲げて、居酒屋経営から介護・福祉・教育・農業とさまざまな分野に進出している。もし、会長自身のメッセージが伝わっていなければ、企業ポリシーもわからず、単なる多角経営としか見えないだろう。

トップ自らが継続してメッセージを伝えることが、会社や店の継続ともリンクするのである。

8 「トップのキャラクター」で想いを伝える

☞トップのキャラクター化が価値を生む

ディズニーランドのミッキーマウスは、シンボルとしてキャラクター化され、人々の心に浸透している。親近感が重要ポイントである上得意客づくりにおいて、親しみやすいキャラクターがあるというのは効果的だ。キャラクターというのは、その企業や商品、サービスを知る上でイメージしやすいものだからだ。

つまり、キャラクターづくりがイメージ化につながり、固定客化、さらには上得意客化につながるということである。

具体的には、前述のトップのメッセージを伝えるとともに、トップ自らをキャラクター化し、シンボルになるという手法がある。トップがキャラクター化することで、お客様との距離を縮めて販促活動の一環とするのだ。また、サプライズもあり、インパクトのある方法である。

一例をあげると、私が勤める船井総研では、創業者の船井幸雄最高顧問がまさしくトップキャラクターとなっている。顔写真はもちろん、イラストなどがさまざまな場面で使われてきた（現在は、大株主として経営からは退いているためキャラクターとしては使っていない）。

ある大阪の家具店のケースでは、社長自らがキャラクターとなり、「のぶちゃんマン」と名乗ってたいへんユニークな存在となっている。社長が「かぶりもの」を着て売り場に立ち、子供たちと遊んで地域のお客様から愛されている。ビートたけしのテレビ番組に出演するなど、その宣伝効果は抜群である。

☞安心感は上得意客づくりにも欠かせない

別の事例を紹介しよう。149ページの自動車販売

自動車販売店の「トップのキャラクター化」チラシ

トップのキャラクター化
ができればおすすめメッ
セージも伝わりやすい

トップのキャラクター化で安心感を打ち出す

店の例では、社長自ら、笑顔でチラシに登場している。トップのキャラクター化が、チラシにおいてどんな効果があるかというと、第一印象における安心感である。

普通、クルマを買うときはカーディーラーに行くが、どうしても初めての店は入りづらいイメージがある。それはすなわち、「心理的抵抗」からくるものだ。

2章でも述べたが、この安心訴求によるハードルを下げるテクニックは、実は上得意客をつくる上でも欠かせない。というのも、上得意客づくりは初回来店からはじまっているからだ。

チラシで親しみのあるイメージを見せることにより、買いやすいムードをつくり上げ、最初からお客様に親近感を持ってもらえれば、セールスは大成功だ。

全ての顧客を永続的な上得意客にはできないかもしれないが、成功率はかなり高まるはずである。

☞売り場でも差別化して上得意客づくりをしよう

また、トップ自らひょうきんなキャラクターを演じることで、スタッフも積極的に行動するようになり、よりフレンドリーに顧客に接することができるようになる。前述の家具店のケースもそうだが、接客が明るく、お客様も楽しそうにスタッフと会話している風景が頻繁に見られるのだ。

このように、売り場でお客様との関係性をつくることは大事である。接客も販促のひとつであり、上得意客づくりとは、接客で差別化することでもあるのだ。

お客様に喜んでもらうためには、社員、スタッフが楽しんで接客しなくてはならない。自らが楽しむことで、よりお客様に喜びを与えることができ、上得意客づくりにつながるのである。

商品力だけではなかなか上得意客はできないので、いかにしてトップやスタッフの「人間力」を付加していくかが成否のカギを握る。

9 「名前の連呼」で想いを伝える

名前で呼ぶことで信頼関係を築く

前項でも述べた通り、上得意客づくりには実際の売り場での関係構築も重要なポイントだ。販促でも氏名による絞り込みで親近感を感じさせたように（4章3項）、接客やセールスの段階においても、氏名による訴求は心をつかみやすい。名前を呼ぶことで人は親近感を感じ、またリレーションを築きやすくなるのである。

名前を呼ばれるシチュエーションとは、どのような場合だろうか？　家族との会話、友人との談笑、何度目かの顧客との商談など、いずれも「お互いをよく知っている」という状況のはずである。そのため、名前を呼ぶということは、心理的に「あなたのことをよく知っている」と相手に感じさせやすくするのである。

ところで、初めて会ったのにすぐに信頼関係を築く場所があることをご存じだろうか？　それは病院である。病院では呼ばれるとき、必ず「名前」で呼ばれるはずだ。「患者様、具合はいかがでしょうか？」という聞き方はしないはずである。もちろん、患者を確認するためでもあるのだが、病は気からと言われるように、病人はその病院、または医師を信じなければ病気を治せない。医師が患者を「名前」で呼ぶことは、信頼関係を築く第一歩にもなるのだ。

名前の連呼で売り場でのお客様との関係をつくろう

顧客との関係もまったく同じである。以下、名前を連呼することでお客様との関係を築くポイントをご紹介しよう。

①売り場スタッフ・社員は名札をつける

まず自分自身の名前から明らかにする必要がある。お客様が自分のことを名前で呼んでくれれば、しめたものだ。

たとえば、飲食店などでは名札をつけるといいだろう。お客様が何度か通っているうちに親近感が湧き、スタッフの名前で呼ぶようになる。すると、お客様のほうも名前を教えてくれる。お互いに名前で呼び合うようになれば、信頼関係を築けたと言っていい。そのような関係をつくるためにも、こうした自己開示のための工夫が必須なのである。

また、名札以外では、店内に「自己紹介ボード」をつけることをおすすめする。名札には書ききれないことを詳しく書くのだ。つまり、以下のようなことを書き出していくのである。

「名前」「誕生日」「血液型」「出身地」「出身高校」「クラブ活動」「住所」「趣味」「好きな食べ物」「好きな芸能人」「今ハマっていること」

これらの中でも一番親近感が湧くのは、「出身地」「出身高校」である。前述したように、地域性を出すという点においても、生まれ育った地域を明らかにするというのは効果的だ。また、出身校も同様の効果があり、お客様との絆を深めるという点では非常に有利となる。

②お客様の顔写真を撮る

弊社が実践している例だが、ある特定の研究会（経営者の勉強会）では、事前にタイミングを見計らって集合写真を撮っておく。その後、写真を引き伸ばして一人ずつ切り取り、その裏に名前を書いておき、事前に受付スタッフにレクチャーして名前と顔を覚えさせる。すると、研究会に出席したお客様に対して、先方がまだ名前を言わないうちに「○○様ですね。お待ちしておりました」と言いながら、名札をお渡しすることができるのである。

これには、すべての参加者が驚く。「なぜ、名前がわかるんですか？」と。通常の受付は、不特定多数のお客様に対応するため、当然、名前と顔は一致しない。そのため、余計に印象的なサプライズとなるのだ。

ほとんどの参加者（経営者）は、この効果的な手法について知りたがる。そのカラクリを聞いた参加者は感心して、「ウチでもやってみます！」とすぐに取り入れるところも出てくるほどだ。

10 「お出迎え・お見送り」で想いを伝える

お出迎え・お見送りでおもてなしの心を伝えよう

もう一度行きたくなる店や施設とは、一言で言うと「ホスピタリティ」があるということだ。つまり、「おもてなし」の心である。おもてなしの心とは、細部にわたって顧客思考が行き届き、また個別対応がしっかりできるということである。

そうした印象をお客様に与えるためには、売り場における最初と最後の「お出迎え」と「お見送り」が肝心である。

お出迎えの基本は、当然だが、「笑顔」だ。どんな人でも、笑顔に対してはいい気分になるものである。

他人の与える印象は、見た目で50％以上決まると言われる。どんないい話をしたとしても、見た目が悪ければ好印象を与えないということだ。接客においても、細やかな対応も大事だが、まず笑顔でお出迎えするというのが基本である。

これは、どんなビジネスでも共通している。サービス業はもちろん、最近では病院でもそのような意識で患者を出迎える医療機関もある。「温顔無敵」という言葉があるように、温かい笑顔は敵をつくらず、仲間やお客様を増やすのである。前項の「名前の連呼」とあわせて使うと、さらによい印象を与えることができる。

好印象が安心感につながる

最初の笑顔以上に好印象を決定づけるのは、「お見送り」である。最初と最後が肝心ではあるが、やはり、最後のほうがより記憶が残るものである。この心理を考えて、最後のお見送りを大事にしたい。

船井総研の行動基準のひとつとして「親身法」というものがあり、「相手が見えなくなるまでお見送りをします。お客様が来社されたとき、駅や空港まで送っていただいたときなど、必ずお客様が視界から消えるまで笑顔でお見送りをします。一流の人との付き合いは、よい癖づけからはじまります」と、ポケットサイズの折り畳み式ブックに記載されている。弊社の朝礼では常に取り上げられ、無意識下にそのような行動基準が刷り込まれるようになっているのだ。

私の支援先で、これを10年以上も実行している石材店がある。この石材店では、買う買わないは別にして、来店した全てのお客様に対し、社長以下、スタッフ全員が、お客様が見えなくなるまでお見送りをしている。

「そんなことは当たり前じゃない！」と言う人もいるかも知れないが、駐車場を出てから、クルマが見えなくなるまでお見送りをしているのだ。直線距離にして500メートル以上はあるはずである。このクルマが出て数十秒程度のお見送りが好印象を与える。

こんなことをしている石材店は他にないため、効果は絶大だ。お客様はバックミラーに映るスタッフ全員の姿を見てとても感激する。さらに石材店のお客様は高齢者が多いため、このようなマナーのしっかりした様子は安心感につながるのだ。自分の先祖、または自分が入る墓というのは、このようなしっかりした人に建ててもらいたいと願う気持ちが強いからである。

☞今こそ上得意客づくりに取り組もう

このような小さなことの積み重ねが、上得意客をつくることにつながる。つまり、一朝一夕では上得意客はつくれないのである。普段の小さな行動、気配りが、結果的に多くの「いいお客様」をつくり、そのお客様が安定した収益に貢献してくる。

口コミが発生するのも上得意客からである。上得意客をつくって継続させる体質ができれば、仕事そのものも楽しくなり、かつ儲かる構造がつくれるのだ。

何よりも大事なことは、「仕事が楽しくなる」ことである。楽しくなるというのは、決して一面的なことではない。ひとつの行動が多面的に効果を発揮し、よいスパイラルとなるのである。不況期の今こそ、上得意客づくりに情熱を注ぎ、強い筋肉質の企業経営に取り組むべきである。

6章

休眠客の心はこうしてつかめ！

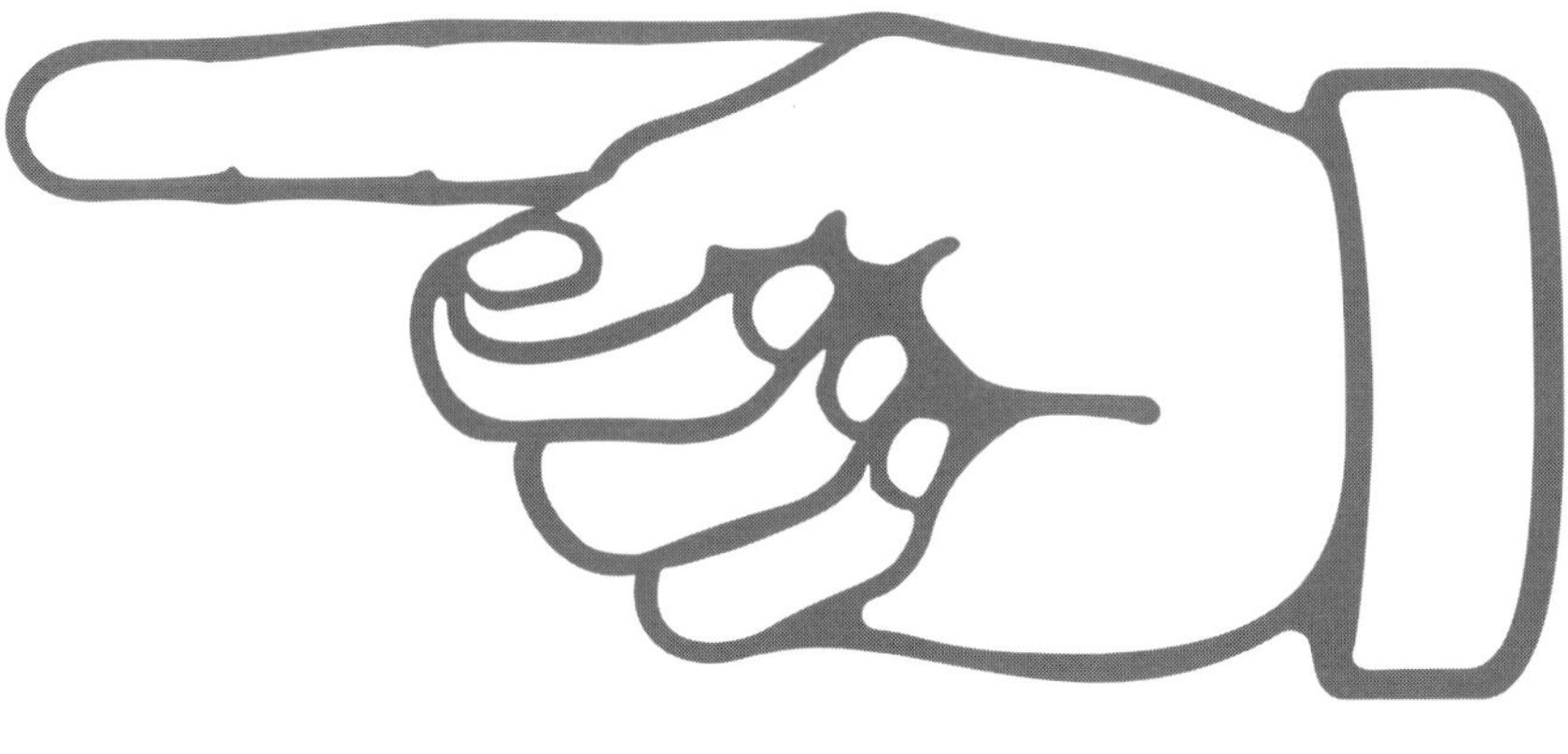

1 なぜ、休眠客が増えるのか？

☞購買頻度がひとつの目安

いよいよ最後の章、「休眠客」の掘り起こしについてである。休眠客とは、「一度以上購入したが、その後購入しなくなった顧客」である。どのくらいの期間買わなくなったら休眠と言えるのかというと、これは業種によってかなり違ってくる。

たとえば、クルマなら、たいていは7年に一度くらいしか買い換えないので、1年くらい来なくても休眠客とは言えない。その間、しっかりフォローをしておけば、次の買い換えにつながるからだ。

一方、ドラッグストアで1年間購入が確認されなければ、これは明らかに休眠客である。このような購買頻度の高い業種では、通常3カ月購入しなければ休眠客扱いとなる。

休眠客の基準は購買頻度とおおいに関係しており、以下をひとつの目安と考えてよい。

- **食品スーパー……1カ月**
- **ドラッグストア、ホームセンター……3カ月**
- **アパレル……6カ月**
- **家電店、通販……1年**
- **クルマ……7年**

ただ、これも高級スーパーとDSスーパーでは違うので一概に業種で切るのは乱暴であり、本来は企業ごとに基準を決めるべきである。そして、その基準の中で休眠客へのアプローチを考えていくのである。

☞休眠客が増えるのは単純な理由

ここで考えなければならないことは、「なぜ休眠客が発生しているか」である。一度は気に入って購入してもらえたのにもかかわらず、なぜ買わなくなってしまったのだろうか？

もちろん、お客様には好みもある。飽きもくる。100％の固定化など無理である。

しかし、なぜ、一度買ったお客様が逃げてしまったのか？　この疑問を突き詰めてこそ、収益構造の高い会社に生まれ変わることができるのだ。

休眠客を半減させる、またはもう一度買っていただくことは多少難度は高いかもしれない。だが、休眠客が増えた理由は、実は意外にも単純で、しかも、その会社の盲点になっていることがよくある。この盲点を少しでも取り除くことが、商売の真髄とも言えるのだ。

それでは、休眠客が増える根本原因とはいったい何だろうか？

マンネリ化が休眠客を生む最大の敵

長年、商売や営業をしていて順調であるほど、ある意味「マンネリ化」してくる。現状維持は即衰退とも言われるように、一見順調そうに見えても、そこに実は落とし穴があることに気がついている人は少ない。

マンネリ化というのは自己革新し続けないと必ず起こってくるものだ。

この最大の原因は「慢心」である。「小成功病」と言ってもいいが、人間、一度小さな成功をするとこれでいけると思いがちである。

小売店のオーナーもオープンして3年し、そこそこ利益が溜まってくると余裕が出てきて、その金で新しいクルマを買うなどして、自分の生活に満足してしまう。そして、多くの人がこのままずっと順調にいけると思い込んでしまうのだ。

しかし、商売には「ライフサイクル」がある。最初は順調にいっても、やがてピーク期、そして後退期がやってくる。特に、最近の商売のライフサイクルは極端に短く、流行り廃りの早い飲食業などでは1年持たない店はザラにある。

そのため、常に顧客思考で物事を考え、自己革新をし続けることが重要である。

2

「マンネリ化」を防ぐ方法とは？

売上と理念の両立が繁盛のポイント

日々の売上だけを追求していると、必ずマンネリ化に陥る。売上や利益が目的化すると、進歩がそこで止まってしまうのである。もちろん、売上を達成するたびに目標を変えればいいのだが、それだけでは徐々に次に打つ手が出てこなくなり、組織全体のモチベーションが続かない。

繁盛のためには、売上・利益とは別の目標が必要なのだ。それが、「理念」である。

理念とは、店や会社の「存在価値」と置き換えてもよい。何のために商売をしているのか？　その店の存在価値は何か？　その店がなくてもお客様は困らないのか？　などを自問自答することが大切なのだ。

渋沢栄一の名著『論語と算盤』という本がある。これは商売のあり方の本質を書いた本だ。論語は「道徳」であり、人間的成長を意味する。一方、算盤は文字通り「金儲け」である。つまり、道徳と金儲けを両立させなさいと言っているのである。

これは現代にも通じることである。売上だけでも理念だけでもいけない。双方が両立してこそ、真の強い経営体として発展していくことを説いているのだ。

目的・目標・使命感の違いを知ろう

売上と理念の両立を実践するために、まずは「目的」と「目標」、さらに「使命感」の違いを認識しておく必要がある。次ページの図をご覧いただくとわかるように、ピラミッドの頂点が目標である。目標とは、当面目指すべきものであり、具体的に数値に落とした道標である。

「目」に見える「標《しるべ》」という文字のごとく、目標は具体的でなければならない。したがって、売上、利益、

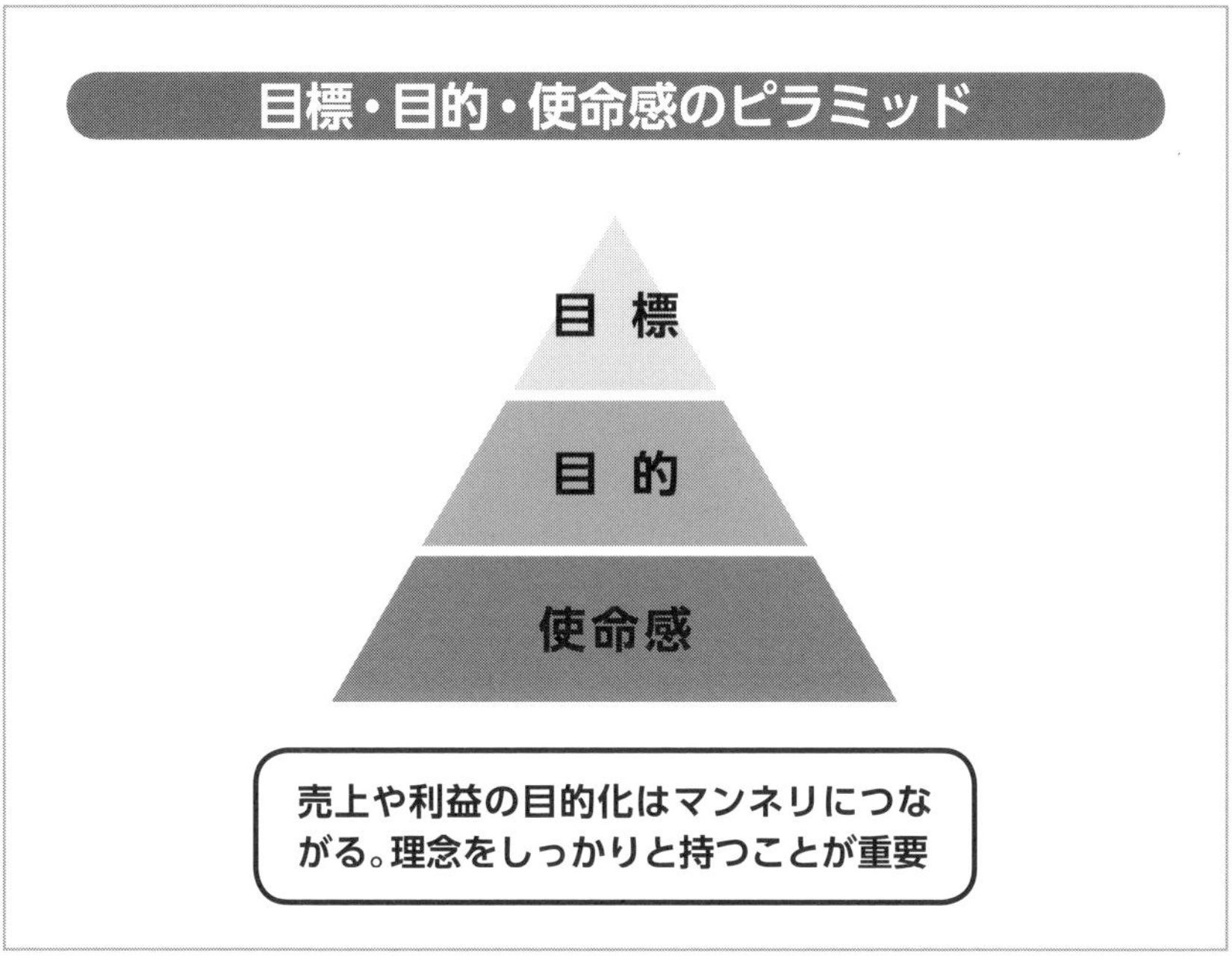
目標・目的・使命感のピラミッド
目 標
目 的
使命感
売上や利益の目的化はマンネリにつながる。理念をしっかりと持つことが重要

社員数、店舗数などの具体的数値に落とし込むことによって明確になる。たとえば、「２０１３年12月には１００店舗展開、年商１００億円、従業員３００人」というようにだ。

ただ、ここで重要なのはその表現方法である。つまり、単に目標を掲げるだけでは組織全体のモチベーションが上がらず、マンネリ化を防ぐことはできない。したがって、社員目線の表現で目標をつくることが重要だ。

ひとつのケースとして、次のように考えていただきたい。

「A社は3年後に売上を50億円にする」

↓

「A社は3年後、売上50億円、人件費10億円、平均年収1000万円にし、社員全員がハッピーな会社にする」

というように、目標を社員の年収ベースまで落とし込み、売上目標は社員自身のためであることを強調するべきなのだ。

さらに、次のようなケースもある。

「B社は5年後に30店舗にする」

↓

「B社は新業態にチャレンジし、5年後には30人の店長をつくり、独立支援制度を導入する」

というように、店舗数の増加も店長をつくるためであること、さらに独立を支援することを示唆することで社員のモチベーションを上げることができ、日々の業務に結びつくようになる。それがマンネリ化を防ぐのである。

☞使命感が経営理念と結びつく

次に「目的」だが、これが存在価値であり、どんな会社を目指すのか、どんな社員に成長するのかを明確にしたものである。たとえば船井総研であれば、

・人徳と貫禄に挑戦しよう

・人間的・常識的を持って最善としよう

・人を信じられるようになろう

などがある。これは事業の目的のひとつであり、仕事を通じて社員の成長を促すものである。

一方、「使命感」とは、「世のため人のため」ということである。目的が「自分中心」に考えるとするならば、使命感は「他人中心」で考えるものである。

つまり、使命感こそが企業の存在価値であり、これがしっかりしている会社は非常に強い。

たとえば、5章で紹介したワタミであれば、「地球上で一番たくさんのありがとうを集めるグループを目指して」というスローガンはまさしく他人中心でありながら、自社の究極の使命感となっている。

一般的に、この目的および使命感を「経営理念」と呼ぶ。経営理念とは、まさしくこのピラミッドの土台であり、なくてはならないものである。

使命感に燃える集団は強い存在だ。社員がイキイキと働き、さらに顧客満足度も高い。そのことが休眠客をもう一度、呼び起こすことにもつながるのである。

3 休眠客を呼び戻すポイントは「リニューアル」

☞休眠客は工夫次第で呼び戻せる

前項のようにすばらしい理念を構築したとしても、「そんなことでは、休眠客は減らせないよ」と思うかもしれない。それはその通りで、理念を現場レベルに落とし込まなければ、改善はあり得ない。また、「アンチ」と呼ばれるお客様の存在もあるため、100％休眠客がなくなることはないのも事実だ。

しかし、理念を現場レベルに落とし込むことができれば、休眠客は少なからず復活する。そのためには、まず、休眠客が発生する原因を知ることが大切だ。

休眠客になる主な理由は次の3つである。

①あまり気に入った商品、サービスがない

②何らかの対応に問題があり、不満が生じた

③競合店が近くにできた

このうち、①は根本的な問題であり、このような場合、お客様を呼び戻すことはなかなか難しい。

実は休眠客ができる原因としては②や③の場合が多く、工夫次第で呼び戻しが可能なのである。

☞リニューアルし続けることで休眠客に訴求しよう

それでは、この②と③の休眠客に対して、どのように対応すればよいのだろうか？　それは、「リニューアル」である。リニューアルとは「刷新」という意味で、商売のあり方を見直すということであり、常に心がけなければならないことでもある。いわゆる「老舗」と呼ばれる企業は常に商品のレベルアップをし続けており、時代に合わせて微妙に変えているという。

大事なことは、「商品力」と「サービス力」のリニューアルである。要は、「こんなに生まれ変わりました」とPRすることが重要なのだ。「新しい商品が入荷しました」、「こんなサービスをはじめました」など、常に進化している姿勢をお客様に見せることがリニューアルの考え方であり、実践方法なのである。

☞リニューアルの基本は、お客様の声に耳を傾けること

さらに、リニューアルの考え方の基本として、「お客様の声」を聞くというのは非常に大事なことである。どんな企業でも、理念の中に「顧客満足」があるはずだ。顧客満足なくして経営の永続はあり得ない。

しかし、本当に実践しているところは多くはない。立派な経営理念だけが先行して、行動が伴っていないことも多く見受けられる。そこで、お客様の意見を素直に聞き、それに基づいて自社の商品レベル・サービスレベルを改善していくのがベストなのである。

また、お客様の声の吸い上げによって、思わぬ副産物が出てくる。売上向上に貢献するアイデアを拾うこともあるのだ。

ある酒造店の通販でのケース。通販はお客様とダイレクトに接する機会が少なく、お客様の生の声が届きにくい。そこで、「お客様の声を聞かせください」というアンケートを入れたら、こんな要望が出てきた。

「いつもおいしくいただいています。ところで、お願いがあります。夏場にロックで飲める日本酒をつくってほしいのです。夏はいつも冷蔵庫に麦茶やジュースでぎっしりとなり、日本酒の一升瓶を確保するスペースがありません。常温で外に置いておき、ウイスキーのようにロックで飲める日本酒があればと思います」

確かに、日本酒はそのままストレートで飲むのが普通だが、ロックで飲むようにつくる方法もある。そして早速、商品開発をしてできたのが「ロック原酒」という酒。見た目は日本酒と変わらないが、アルコール度数を高めにし、ロックで飲んでも十分に味わえる商品開発に成功し、これがヒット商品となった。日本酒の常識を変え、さらにマーケットの拡大にもつながったのである。

おそらく、業界の人間にはそんな発想は出てこない。お客様の声を素直に聞くことは、常識の垣根を超え、休眠客を呼び戻すだけのアイデアとなる。新しい発想でチャレンジすることはたいへん重要なのである。

4 お客様の声を吸い上げる3つの方法

お客様の声には3種類ある

お客様の声を吸い上げる具体的な方法としては、目的によって使い分けることを心がけよう。というのも、お客様の改善の要望を導き出すのか、社員のモチベーションを上げるためのお褒めの声を引き出すのか、教育のために厳しい意見を引き出すのかによって、アンケートのつくり方が変わってくるからだ。

休眠客を呼び戻すために有効なお客様の声は、以下の大きく3つに分けることができる。

①**要望**……もっとこんなサービスをしてほしい、こんな商品を置いてほしいなど、前向きな改善の声。「攻め」のリニューアルをするには有効な意見である。

②**改善**……これは、どちらかいうとマイナス面をなくしてほしいということ。つまり、程度の差はあるがクレームに近い。現状の商品・サービスに対する不満を解消してほしい、という改善要求であり、「守り」のリニューアルということになる。

③**満足**……通常、その店舗や会社を継続的に利用しているのであれば、8割の顧客が概ね満足していると言える。ただ、この満足しているという声は販売側に届かない場合が圧倒的に多い。というのも、意図的にこちらから仕掛けないと、満足の声というのは上がってこないからである。

しかし、現場スタッフのモチベーションを考えると、実はこの満足の声を具体化することがとても大切である。自分の仕事に自信を持たせることが、創意工夫につながってくるからだ。

お客様の声に合わせて吸い上げよう

お客様の声を吸い上げるための方法も、3種類に大別される。

①要望の声を多く引き出す「ご意見ハガキ」

最も多用されるスタイルは「お客様ご意見ハガキ」というもの。氏名は書かず、「ご意見、ご要望などご自由にお書きください」と、フリーに書かせるタイプだ。書いたから何かもらえるということは通常はない。

お客様の声の内容としては、純粋に意見を聞くことを目的としているため、お褒めの言葉はほとんどなく、要望または改善（軽いクレームも含め）が中心となる。

②改善を引き出す「お叱りハガキ」

文字通り、改善の声やクレームを積極的に引き出そうとするハガキ。8割はクレームに近い意見となる。

この目的としては、ひとつは現場スタッフの意識改革である。サービスレベルを引き上げないとリニューアルは成功せず、休眠客をもう一度掘り起こすことはできない。そこで、「お叱りの声」によって、意識改革を図っていくのである。

もうひとつの目的は、すでにサービスレベルが高いという前提のもと、さらなる向上をスローガンとして掲げること。そして、「うちはここまでやります」ということを内外に伝えることで、リピーターやファンを増やそうとするものである。この場合は、お叱りというより、応援メッセージが書かれることもある。

③アフターハガキ

いわゆる、満足の声を引き出そうというもの。お褒めの言葉やプラスの要望を抽出したいときに仕掛けるパターンである。しっかりした大義名分を伝え、特典をつけ、プラスの意見を引き出そうと努める（6章8項）。

これが、「満足の見える化」である。満足の声というのは通常、見えないものだが、ある一定の仕掛けをすることでどんどん見えるようになってくる。そのことが社員のモチベーションアップにつながり、結果的に全体の活性化と導いていくのである。

ただ、間違っても「お客様アンケート」とネーミングしてはならない。アンケートといった瞬間に、お客様はかまえてしまい、生の意見が聞きにくくなる。したがって、「あなた様の声をお聞かせください」というタイトルをつけるなど、工夫をする必要がある。

5 お客様の「要望」を引き出し、休眠客を呼び戻す

改善ポイントには優先順位をつける

まずは、お客様の「要望」を引き出し、リニューアルに成功した事例を紹介したい。あるマージャン店では最近の不況の影響もあり、客数も減少するばかりだった。そこで、謙虚にお客様の声を聞くことからスタートし、リニューアルを試みたのである。

まず、常連のお客様に「店の悪いところを教えてください」と率直に聞くことからはじめた。すると、「イスがちょっと座りづらい」「入り口の電気が暗いので、最初は入りにくかった」「もっと女性が入れるようにしなくちゃ」など思った以上に本音で教えてくれ、要望や改善ポイントがどんどん出てきたそうだ。

そこで店長は考えた。「マージャン店のあるべき姿とはいったい何だろうか？」。確かに、マージャン店も、ただマージャンができればいいというものではない。楽しく、気持ちよく遊べることが、最も大事なことであり、さらに、これからは女性客でも入りやすい店にしていくことが、結果的に全体の客数アップにつながっていくはずだ、と考えるようになったのだ。

そこで、来店客に対して「お客様の声をお聞かせください」という用紙をつくり、どんな些細なことでもいいから書いてもらうようにした。書いてもらった方には1時間無料券などを配り、積極的に声を吸い上げた。

そして、それらの要望や意見を全てノートに書き写し、優先順位をつけ、なるべくローコストで効果の高いものから改善していったのである。

たとえば、「禁煙スペースをつくる」「5分でできる軽食メニューをつくる」「携帯充電器を置く」など少しずつ実行したところ、常連のお客様から「最近、すごく居心地がいいよ」などお褒めの言葉をいただくようになったという。

そのような声をいただくと、店長をはじめ、スタッフも俄然やる気が出てくる。店内には活気が出てきて、もともとあまりやる気のないスタッフは辞めていき、逆に前向きなスタッフが募集で集まってくるようになった。要するに、店内の空気が一変したのである。

すると、お客様の滞在時間が長くなり、必然的にお客様の客単価が上がってくる。食事やドリンクなどの注文が増えるからだ。また、来店頻度が高まるため、客数も増えて売上がアップするようになった。

休眠客にリニューアルで訴求しよう

いよいよ、改善が進んだ時期を見計らい、休眠客へアプローチしようと決心。この店は会員カードを発行していたので、顧客リストにハガキDMを送ることにした。そして、こんな斬新なキャッチコピーを考えた。

「こんなお店は最悪だ！　と言われてお客様1000人にご意見を頂戴し、25の改善をしてまいりました」

と、わざわざマイナスイメージとなりかねないような表現を、ハガキのヘッドコピーに持ってきたのである。

実は、これには狙いがある。というのも、休眠客をターゲットとしているので、改装オープンなど単なるリニューアルPRではまず来てもらうことはできない。そこでポイントとしたのが、「反省」の心を伝えるということだ。心を入れ替え、サービスを刷新したことを伝えるために、現状に関して反省している態度を見せるキャッチコピーで休眠客に訴求したのである。

内容も「蛍光灯を全て新しくしました」「おいしいカツ丼をメニューに入れました」「コーヒー飲み放題」など、改善ポイントを具体的にPR。さらに「フリータイム券」「生ビール半額券」などのクーポン券もつけ、来店促進を仕掛けたのである。

すると、何と連日の満員御礼。あまりの盛況ぶりに店長自身が驚くほどだった。お客様からも、「お店、ずいぶん変わったね」「あのお詫びハガキが気に入った」など、多くのありがたい言葉をいただいた。店長は、その日は感激して涙が止まらず眠れなかったという。お客様の意見を素直に取り入れ、即実行し、さらにPRする。これこそ、繁盛販促の真髄だ。

6 「お客様の声」を聞くと関係性が高まる

リニューアルは自己中心的であってはならない

休眠客は、変わったということをきちんと見せなければ、決して戻ってこない。前項でも述べたが、リニューアルの基本は「反省」だ。さらに、心を込めた反省とともに客観的なリニューアルを試みることも重要である。

某スーパーは莫大なコストをかけて、店舗デザイン、ロゴ、売り場などのリニューアルを実施したが、一向に業績が上向かなかった。それはズバリ、客観性に乏しく、「顧客の声」に謙虚に耳を傾けていなかったからである。企業側だけで再生戦略を考え、企業側だけで実行するという、昔ながらの「自己中心的」リニューアルでは、お客様とのギャップが生じてしまうのだ。10項で詳しく述べるが、お客様の要望は、店舗デザインでもレイアウトでもなく、商品に対する期待だ。小売業なら品揃え、飲食業ならおもてなしとサービス、住宅販売業なら機能、耐久性、デザインなどである。

世の中に自己中心的リニューアルが横行しているのは、こうした商品のリニューアルをせずにうわべのリニューアルばかりに目がいくからだ。そのようなことに陥らないためにも、お客様の声は不可欠なのだ。

お客様との関係性を強めて休眠客を呼び戻す

大事なのは、お客様の声を随時吸い上げていくことだ。その吸い上げ方にはさまざまな方法がある。食品スーパーであれば、店頭に「お客様ご意見用紙」を置き、その場で書けるスペースを確保し、日頃思っていること、気づいたことなどを書いてもらう。後日、その対応法を店長が書き記し、匿名で店内に貼り出すのだ。

たとえば、「ノンコレステロールマヨネーズを置いてほしい」「炊き立てごはんをその場で詰めるサービスを実施してほしい」など、具体的な要望がお客様から上がってくる。それに対して店長やスタッフから「すぐに入荷いたします。あと1週間お待ちください」、「今、社内で検討中です。何とか実現させたいと思います」など、具体的な返信を書いて、掲示板に貼るのである。

実際に要望を書いた人は、まさかそこまで具体的に対応してもらえるとは思っていない。他のお客様も、その掲示板を見て感心する。「へー、そんなことまでやってもらえるんだ。私も書いてみよう」と、要望が広がっていくのである。お客様は自分の主張が通り、そのサービスが売り場で実現されると、まるで自分で売り場をつくっているかのように感じる。それは、非常にエキサイティングなことでもあるのだ。

実際、大手スーパーのジャスコでは、90年代よりこの手法を導入した店舗もあり、そのリアルなやりとりが書籍にもなった（『なんとかしてよ、店長さん！』、高橋晋、かんき出版）。

このようなお客様との関係性を築くことが、休眠客の呼び戻しには最も効果的だ。さらに、店が変わった様子をチラシやDMに載せ、大々的に宣伝していこう。

☞ 購入頻度が低い商品はハガキも有効

また、耐久消費財（家電や家具、石材など）を扱う業種であれば、品揃え、接客態度、価格、配送などの項目に分けたアンケートを記載したハガキを用意し、郵送するという形態をとる場合もある。購買頻度が低い商品に関しては、その場で書くというよりは、サンキューレターを兼ねて、使用後の感想なども含めたお客様の声を吸い上げるほうがベターだからだ。

このように、ハガキなどによって吸い上げたお客様の声には優先順位をつけ、売り場で反映させていこう。

さらに、「お客様満足度会議」を開いて社内でお客様の声を共有化していくとよい。やはり、現場のスタッフがお客様の声をストレートに聞いて改善していくことが、レベルの高いリニューアルにつながっていくのである。

7 「お叱りハガキ」でカンフル剤を注入する

☜サービス業は接客によって休眠客が増えてしまう

サービス業というのは一般的にお客様の滞在時間が長いため、現場スタッフとお客様との接触頻度も高く、より接客対応の技術が求められる。中でも飲食業は、サービス業の代表選手である。味もさることながら、細かい気遣いや気配りが求められ、トータルの演出や雰囲気でお客様が評価する。繁盛している飲食店は、味以外の要素の完成度が例外なく高いと言える。

逆に、悪いサービスはリピート客を減らし、休眠客を増やす結果となる。お客様は一度気分を害すと二度と来なくなる。みなさんも経験があると思うが、接客態度の悪い飲食業というのは、二度と行かないはずだ。それだけサービス業は、「接客」が大きな要素を占めるのである。

また、地域性の高い飲食店の場合、リピート率が高いため、悪い噂が出ると致命傷となる。特に、女性の口コミには気をつけなければならない。「あの店の店員、態度悪いわよ」といった悪い口コミはすぐに広まり、休眠客の増加に直結してしまう。特に飲食店はファミリー客も含め、女性客で成り立っているケースが多いので注意が必要である。

☜お叱りハガキでスタッフの意識改革をしよう

そこで、特に飲食店でお客様の声を収集するために、有効な方法として2つある。ひとつは「ミステリーショッパー」という方法。ミステリーショッパーとは覆面調査とも言うが、客のフリをした調査員が来店し、入店対応、オーダー、時間、味、店員の気配りなど、あらゆる点で評価し、課題をフィードバックするというものだ。この手法は、明らかに改善点がわかり、非常に客観視できる。ただ、調査員の判断も大きく左右するため、その力量も問われるし、コストもかかる。

もうひとつ、有効な方法として実行しやすいのが、「お叱りハガキ」だ。これは文字通り、お客様のクレームや苦情を意図的に抽出する方法である。叱られるというのは誰しもが嫌なものだが、あえてそれに挑もうという考え方である。

このお叱りハガキのよいところは、スタッフの意識改革ができるという点である。お客様のほうも、お叱りくださいと言っている以上、遠慮なく書きはじめる。また、些細なことでも書くようになるため、その後のきめ細かい対応の向上が要求される。

「叱る」という行為は、人間の感情における怒り、悲しみといったマイナス感情を誘発する。感情的にマイナス面が増えると、人間の行動は、2つに分かれる。

ひとつは「逃避行動」である。まるで重箱の隅をつつかれているような感覚にもなり、当然、店内にも緊張が走って、叱られまいと無難にこなすようになったり行動が消極的になってしまうこともある。

もうひとつの行動は、「積極行動」である。叱るということを前向きに捉え、お叱りの言葉が店舗をさらに向上させると考える。そのため、どんどん叱ってほしいと考え、積極的にお客様に対応しようとする行動だ。

お叱りハガキはプラスに捉えよう!

このお叱りハガキを導入する場合、リーダー(店長)が、後者のような行動をとるようにスタッフを導くことが重要だ。この手法はかなりの刺激剤になるため、扱い方を間違うとマイナスの作用となってしまう。

実際に、このお叱りハガキで成功したケースは、積極的なリーダーがいる場合だ。

「このお叱りハガキは天の声です。日頃、私たちは自分のしていることを、他人の目として捉えることはできません。そのため、3カ月間に限定し、お叱りハガキでどんどんお客様に叱ってもらいます。それでおおいに考えて意見を出して、改善していきましょう!」

というように、あくまでもプラスに捉えることをスタッフに伝えて導入する必要がある。また、常時導入すると麻痺していくため、期間限定のほうが効果的だ。

8 「アフターハガキ」を戦略的に活用する

お客様の2つの声を意図的に抽出するアフターハガキ

お客様の声を吸い上げる3つ目の方法として、「アフターハガキ」の手法を紹介したい。これは「満足の見える化」とともにスタッフのモチベーションを上げ、さらにはリニューアルも図ることができる。

店舗運営においては、いかにお客様の声を吸い上げ、マーケティングとマネジメントに反映させるかが重要である。しかし、これを戦略的に利用しているところは意外と少ない。ただ集めるだけで何もアクションがなかったり、トップが目を通すだけで終わるなど、有効活用されていないケースが散見されるのだ。そのため、お客様の声をもっと販促やモチベーションアップ、社員教育などに活かしていく戦略が課題となる。

戦略的活用とは、さまざまな面において有機的に活用することである。たとえば、「お褒めの言葉」はチラシやホームページなどの販促媒体の掲載だけにとどまらず、購買動機分析や社員教育などに活用する。ワクワク楽しく働き、自ら行動する現場スタッフをつくるためには、お褒めの言葉は欠かせない。

一方で、「お叱りの言葉」は商品・売り場・接客のリニューアル（改善）に活用する。お客様の声に優先順位をつけて改善していくのがポイントだ。現場ではなかなか気がつかない細かい改善点は、お客様の声に耳を傾けることが一番である。「常にお客様の意見に耳を傾け、日々改善努力している」という店の姿勢が共感を生む。

この両方を、意図的に抽出する方法が、アフターハガキなのだ。文字通り、商品・サービスの購入・使用後にその感想や意見を吸い上げるための手法だ。別名、「使用後ハガキ」とも言われている。これは購入時、あるいは購入後に送付するのが基本となる。

石材店の「アフターハガキ」

料金受取人払

大阪支店承認

XXXX

差出有効期間
平成23年4月
30日まで

郵便はがき

×××－××××
大阪市中央区△△
×－×－×

株式会社○○○
（お客様の声）係行

ご住所	〒
TEL E-mail	
ふりがな	
お名前	様

※紙面に掲載する場合、お名前を載せてもよろしいでしょうか？
はい　　匿名で　　いいえ

切り取り

あなた様の声をお聞かせください

お墓完成後の感想はいかがでしたでしょうか？

今、○○○では「お客様の声」を募集しています。皆様に、よりご納得いただけるお墓づくりをするために、完成後のあなた様の率直なお声が何より力となり、また私どもの今後のお墓づくりの参考となります。お気づきのことをご自由にお寄せください。応募用紙の書き方などは、いっさい自由です。文章でも似顔絵でもご自由にお書きの上、お送りください。

また、このハガキを当店までお持ちいただいても結構です。

（ただし、毎週水曜日と第１・第３木曜日は定休日とさせていただきます）


ご本人様のご承諾の上、チラシ・ＨＰなどに掲載させていただける場合は全国共通百貨店券を進呈いたします。

郵便はがき

様

切り取り

ご自由にご意見・ご感想をお書きください

アンケートハガキにならないような工夫が必要

石材店の「お褒めの言葉」チラシ

クロージング率を高める感謝メッセージ

アフターハガキで吸い上げたお客様の声はどんどん販促に活用していこう

お褒めの言葉を顕在化する方法

172ページは、ある石材店のアフターハガキである。この石材店では、数年前から工事後のお客様全員にこのハガキを送付している。確かに、墓石のような商品の場合、引き渡し時にはお客様から感謝の言葉をよくいただく。しかし、お客様からのお礼状となると、年に1通か2通程度が通常である。これは、他の業種でも同じだろう。ほとんどの顧客が商品に満足しているはずなのにもかかわらず、お褒めの言葉は顕在化されていないということである。

お褒めの言葉に比べると、お叱りの声というのは、実は顕在化しやすい。人は不快なことは解消しようと行動する。どうしても我慢ならない行為があると、その怒りや悲しみをぶつけようとする。まして、お金を払っているとなると、どうしても言いたくなるものだ。

そこで、事例のように、「あなたの声をお聞かせください」と大義名分をしっかり書き、「お客様のために……」と謙虚に訴えれば、1～2割のお客様は心を込めて書いてくれるし、お褒めの言葉も顕在化するだろう。

さらに、「掲載特典」も大事なポイントだ。これは、アフターハガキのお客様の声をチラシやホームページに掲載する場合、何らかの特典を差し上げるという方法である。事例では商品券を特典としているが、特典は「満足の見える化」であり、有効だ。お客様は特典ほしさに一所懸命ハガキを書いてくれる。

その結果、感謝メッセージがたくさん舞い込んでくる。このお客様の声は、積極的に販促物に掲載して活用していこう。前ページのチラシのように感謝のハガキがたくさん来ていることを告知すると、休眠客への訴求だけでなく新規客にも安心感を与え、クロージング率が高まる。墓石の場合は、未成約率の低下につながるのだ。

また、何よりも社員のモチベーションアップにつながることが大きい。ハガキが来るたびに、こんなにお客様が喜んでいることを知ることができる。それが次への行動を促し、社員主導のリニューアルへとつながるのだ。

9 「お客様の声」で常にリニューアルを心がける

お客様がつい書きたくなるような工夫をしよう

お客様の声を有効活用して、休眠客を呼び戻した成功例を紹介しよう（176ページ）。本章3項でお客様の声を活かした商品開発の事例を紹介したが、このお客様の声は、事例の「お客様と蔵元をつなぐハートメール」で得たものである。

「ハートメール」は、ハガキによるポストに出す手間を考え、FAX送信用紙となっている。最近では、家庭用FAXも普及しているため、FAXも返信率が高いようだ。

事例の大義名分のつけ方は秀逸だ。

「蓬莱のお酒を召し上がっての感想はいかがでしたでしょうか？　今、蓬莱では、お客様の声を募集しております。皆様に美味しいお酒の味や昔ながらの味をお伝えするのに、実際にご愛飲いただいたあなた様の率直なお声が何よりの力となり、また私どもの今後の酒造りの参考となります」

大義名分とは、「理由づけ」である。このようにへりくだった態度でお願いすると、普通は決して書かないお客様でも、満足していれば心情的に書きたくなるものである。「何よりの力となり、今後の酒造りの……」のくだりが絶妙であり、リピート客ならことさら、つい筆をとってしまうのである。

次に、以下の文章が続く。

「蓬莱のお酒のこと、飛騨のこと、飲んだ感想、他のお酒との違いなど、お気づきの事を自由にお寄せください。応募用紙の書き方など、いっさい自由です。大学ノートでも、便箋でも何でも結構です。文章でも似顔絵でも自由にお書きの上、お送りください。」

これは、「自由」に書くことを強調しているところがポイントだ。文章というと、どうしても固く考えす

酒造店のハートメール

お客様の声で常にリニューアルを心がけよう

ぎてしまい、書いてくれないケースが多い。そこで、似顔絵でもいいなどと、自由を強調した表現でハードルを下げるのだ。とにかく、この時点での固い言い回しは返信率を下げてしまうので、注意が必要だ。

さらに、

「※チラシ、蔵だよりなど紙面にお名前を掲載させていただいてもよろしいでしょうか？　掲載させていただける場合は、当蔵より季節のお酒（720㎖）を進呈いたします。」

という注意書きに注目してほしい。これは、いわゆる「掲載特典」である。前項で述べたように、いくら大義名分をつけても、特典がないと、やはり「お褒めの言葉」は増えない。さらに、商品開発のような有用な意見を引き出すためには、掲載特典は必要不可欠なのだ。

☜DMレスポンス30％を上げるお客様の声の効果

また裏面に目を向けると、実際にいただいた声の実例を掲載しているのもポイントだ。これを参考にすることで、同様の意見を引き出すことができる。

この「ハートメール」を、事例の渡辺酒造店では、通販商品と一緒に送ることにしている。そして毎回、3～5％の声が返ってくるというのだ。3～5％と言っても侮ってはならない。この渡辺酒造店のDMレスポンスは常に25～30％を堅持しており、通販DMとしては日本最高レベルに達している。

たとえば、1万通のDMを発送して30％のレスポンスがあった場合、申込は3000件。その5％ということは、150通もの返信FAXが返ってくることになる。

しかも、99％が「おいしかったよ！」「最高です！」「こんな商品つくってください」などの喜びの声、お褒めの言葉、新商品への要望など、プラスになる意見ばかりなのである。

これらの声を、リニューアル、販促、社員のモチベーションアップなどに使って、厳しい日本酒業界ながら、昨対2桁アップを維持しているのだ。

10 繁盛には継続的な「商品のリニューアル」が欠かせない

☞「店舗の6大要素」を活性化しよう

最後にもう一度、確認したい。リニューアルとは、あくまでも「商品力のリニューアル」のことである。なぜなら、商売にとって商品力が最も重要であり、ビジネスの中心だからだ。

通常、小売業・サービス業における要素は、次の6つに分かれる。

①商品集客力
②基本集客力
③商品売場力
④基本売場力
⑤商品接客力
⑥基本接客力

次ページの図をご覧いただきたい。小売業・サービス業の要素には「集客力」「売場力」「接客力」の3つの「基本力」があり、中心部分が「商品力」となっている。これを「店舗の6大要素」と言う。

繁盛するためにはそれぞれの要素を活性化していく必要がある。

基本力というのはいわゆる「ハード」の部分であり、建物や看板などの内外装を指す。

商品力は「ソフト」の部分であり、この「商品集客力」「商品売場力」「商品接客力」の3つの要素をいかに改善していくかが、リニューアルの最大のテーマとなる。

商品集客力は、チラシ・DMなどの一般的に販促と言われる部分である。まずは集客しないことにははじまらないため、いかに集客力を改善するかが重要である。

商品売場力は最も肝となる部分で、小売業で言うと「品揃え」および「演出」である。お客様の声を常に

店舗の６大要素

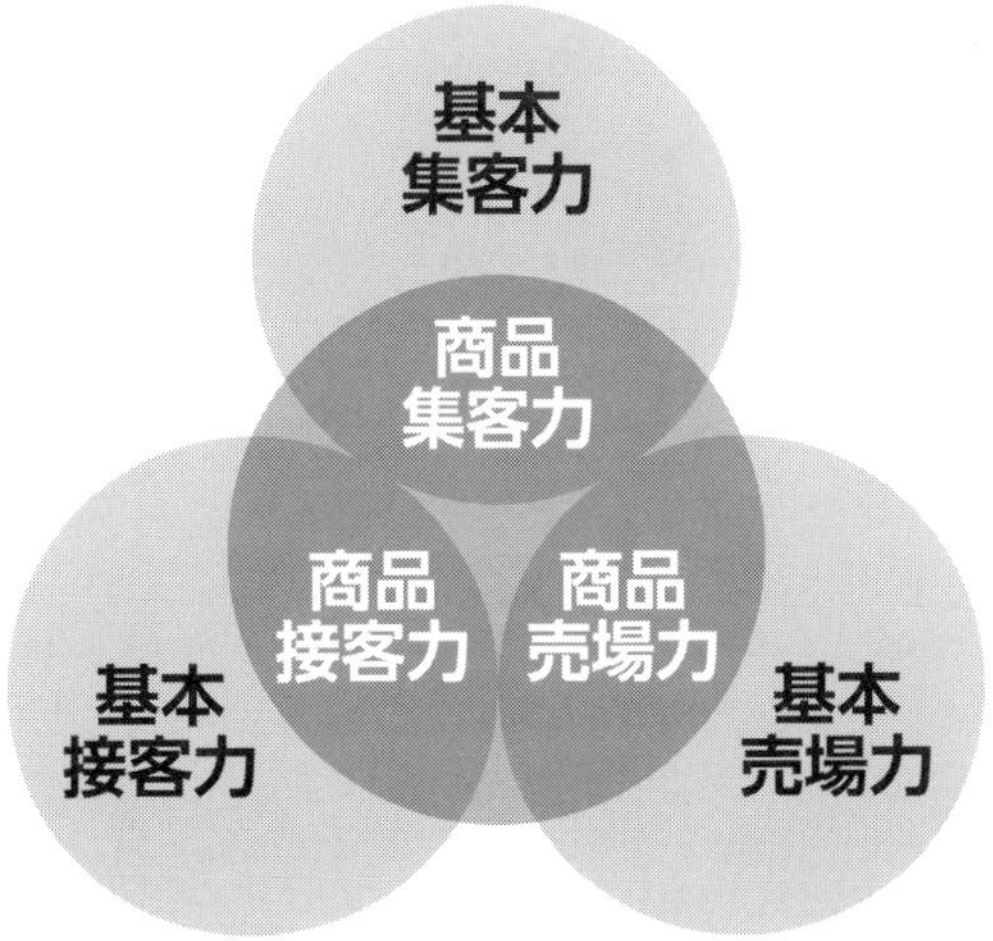

リニューアルの最大のテーマは「商品集客力」「商品売場力」「商品接客力」の３つの要素を改善すること

聞きながらニーズに合った品揃えをし、かつ売り場の見せ方を研究しなくてはならない。

商品接客力は、きめ細かなおもてなしから、笑顔、お出迎え・お見送りなどにより、いかにお客様が納得する商品を勧めながら売上を上げるかがポイントとなる。商品知識だけでなく、どのようにして顧客満足度を高めながら利益を上げるかという、商売の究極のテーマである。

リニューアルが繁盛革新につながる

以上、商品集客力、商品売場力、商品接客力の3つを意識してリニューアルに取り組むことが肝要だ。

通常、リニューアルは大きなリニューアルと小さなリニューアルがあるが、大きなリニューアルは1年に一度は仕掛けてほしい。いわゆる「リニューアルオープン」というイベントだ。

というのも、リニューアルを通して店が進化していることを伝えて、休眠客にもう一度生まれ変わった店の姿を見てもらいたいからだ。ある意味、年に一度のお披露目式と考えたらよい。

日々のリニューアルはいかに休眠客を減らすかに直結する。その意識と姿勢を持つことができれば、新規客も増え、固定客化も推進できるのである。

「日々是、リニューアル」と考え、革新を図ってほしいものである。

【著者略歴】

小野 達郎（おの・たつろう）
株式会社船井総合研究所　取締役常務執行役員
経営コンサルタント

1963年生まれ。1987年、関西大学社会学部卒業。同年、株式会社船井総合研究所に入社。2003年、執行役員に就任。2010年、取締役常務執行役員に就任。入社以来、一貫して流通・サービス業・メーカー・卸の販売促進コンサルティングを手がけ、勉強会を含め、アドバイス先はショッピングセンター、ドラッグストア、接骨院、郵便局、通販業にわたる150業種・2000社を超える。それら数多くの成功事例からルール化したノウハウは、具体的かつ即実行可能で、即時業績アップをモットーにしていることからも大変ファンが多い。
著書に『安く売るな！ 高く売れ！』（同文舘出版）、『大当たりチラシのつくり方』『2000社の成功例から見つけた集客アップ→売上アップの絶対法則』（こう書房）、他多数。監修に『船井流・「店長」大全』『船井流・「集客」大全』（同文舘出版）。

繁盛店だけがやっている！
「客層別」販促５つのルール

平成22年10月8日　初版発行

著　者　　小野達郎
発行者　　中島治久
発行所　　同文舘出版株式会社
　　　　　東京都千代田区神田神保町1-41　〒101-0051
　　　　　営業　(03)3294-1801　編集　(03)3294-1802
　　　　　振替　00100-8-42935　http://www.dobunkan.co.jp

 ISBN978-4-495-59031-4
印刷／製本：シナノ　Printed in Japan 2010